D1738220

Federico Mastrogiovanni es un periodista italiano que vive y trabaja en México desde hace varios años. Se ha ocupado de organizaciones y comunidades indígenas, movimientos sociales y ambientales, migración, violación de derechos humanos y política en México y América Latina para diferentes medios internacionales, entre los cuales destacan la revista *Latinoamérica*, Radio Svizzera Italiana, *il Fatto Quotidiano*, *Carta*, Radio France Internationale, *il Manifesto*, *Milenio Semanal* y *Gatopardo*. Fue enviado especial durante el golpe de Estado en Honduras en 2009 y el terremoto de Haití en 2010. Actualmente colabora con artículos y reportajes con la revista *Gatopardo* y el periódico *Animal Político*. En 2015 ganó con *Ni vivos ni muertos* el Premio PEN y el Certamen Nacional de Periodismo. Es profesor de periodismo en la Universidad Iberoamericana. Junto con Luis Ramírez es autor del documental *Ni vivos ni muertos*, sobre desaparición forzada.

NI VIVOS NI MUERTOS

La desaparición forzada en México como estrategia de terror

FEDERICO MASTROGIOVANNI

Prólogo de
JAIME AVILÉS

Ni vivos ni muertos

Segunda edición: septiembre, 2016

D. R. © 2014, Federico Mastrogiovanni

D. R. © 2016, derechos de edición mundiales en lengua castellana:
Penguin Random House Grupo Editorial, S. A. de C. V.
Blvd. Miguel de Cervantes Saavedra núm. 301, 1er piso,
colonia Granada, delegación Miguel Hidalgo, C. P. 11520,
Ciudad de México

D. R. © Jaime Avilés, por el prólogo

www.megustaleer.com.mx

ISBN: 978-607-314-756-9

Impreso en México – *Printed in Mexico*

El papel utilizado para la impresión de este libro ha sido fabricado a partir de madera procedente
de bosques y plantaciones gestionadas con los más altos estándares ambientales, garantizando
una explotación de los recursos sostenible con el medio ambiente y beneficiosa para las personas.

Penguin
Random House
Grupo Editorial

Existe un margen del crimen más allá del cual la justicia es menos que papel higiénico.

ERRI DE LUCA
El crimen del soldado

Lo sé. Pero no tengo pruebas. Ni siquiera tengo indicios. Lo sé porque soy un intelectual, un escritor, que intenta seguir todo lo que está pasando, conocer todo lo que se escribe al respecto, imaginar todo lo que no se sabe o se calla; que ata cabos a veces lejanos, que junta las piezas desordenadas y fragmentarias de un cuadro político coherente, que restablece la lógica donde aparentemente reinan la arbitrariedad, la locura y el misterio.

PIER PAOLO PASOLINI
"¿Qué es este golpe?", *Corriere della Sera*, 1974

Índice

Se llama desaparición forzada

Cuando faltaban cuatro meses para la aprobación de la reforma energética que privatizó Petróleos Mexicanos (Pemex), la violencia desatada aparentemente sin pies ni cabeza por Felipe Calderón a principios de 2007, de pronto, en agosto de 2013, cobró pleno sentido. La propaganda oficialista hizo visible que la región donde se acumulan inmensas reservas de gas *shale* —el norte de los estados de Chihuahua, Coahuila, Nuevo León y Tamaulipas, dentro de la llamada Cuenca de Burgos— es la misma que martirizó y en parte despobló el narcotráfico, en abierta colaboración con los órganos de seguridad del Estado.

A finales de 1993, penúltimo año del sexenio de Carlos Salinas, una quinceañera que trabajaba en una maquiladora del antiguo Paso del Norte, hoy Ciudad Juárez, fue brutalmente violada, torturada, asesinada y descuartizada, antes de que sus restos fueran abandonados en el desierto. La policía no sólo no la "encontró", sino que protegió a sus verdugos.

Para el Instituto Nacional de Estadística y Geografía, ya en 1993, si bien con otros métodos, una mujer era asesinada cada 12 días en Ciudad Juárez. En 2009, el ritmo subió a razón de una cada 20 horas, pero según la misma fuente, de 2000 a 2009, el total de mujeres asesinadas en el país ascendió a 12 636, cifra que se incrementó exponencialmente de 2009 a 2012.

Las feministas tipificaron esta variante del asesinato como *feminicidio*, tras definirlo como "crimen de odio cometido por un hombre contra una mujer por el hecho de ser mujer". Para la Iniciativa de las Mujeres Premio Nobel —grupo encabezado por Jodie Williams y Rigoberta Menchú, avalado por la ONU—, entre 2006 y 2012, o sea, durante el sexenio de Felipe Calderón, "los feminicidios aumentaron 40 por ciento".

Hoy por hoy, seis mujeres son asesinadas cada día, pero Chihuahua ya no es la entidad donde los feminicidios son más frecuentes, sino el Estado de México, cuyas autoridades dejan sin resolver nueve de cada 10 casos. A escala nacional se estima, conservadoramente, que las mujeres asesinadas por ser mujeres (las que son muertas por otras razones no entran en este cálculo) son ya más de 40 000, pero todos aquellos casos en que sus autores contaron, por acción o por omisión, con el apoyo de policías, militares o funcionarios públicos fueron, o mejor dicho son, productos de una "desaparición forzada de personas", que es el asunto central de este libro espléndido, esclarecedor y terrible, cuya misión no es otra que contribuir a que la sociedad se movilice para lograr que este delito sea tipificado específicamente como un crimen distinto del secuestro o la privación ilegal de la libertad, e incorporado a los códigos penales de todos los estados del país, y desde luego al Código

Penal Federal. Una dura batalla contra el terrorismo del Estado mexicano, en la que nadie debe dejar de participar hasta la victoria.

Otras violencias. Además de los feminicidios, que se multiplicaron desde 1994 a una tasa de crecimiento cada año más acelerado hasta el día de hoy, otras violencias, sobre todo durante el sexenio de Calderón, cobraron cientos de miles de vidas más. A saber, por lo menos 100 000 en el contexto de la supuesta guerra contra los cárteles de la droga, que los fortaleció más que nunca; más 60 000 de los migrantes centro y sudamericanos, que fueron desaparecidos en operativos conjuntos del crimen organizado con las autoridades, es decir, que también fueron víctimas del delito de desaparición forzada de personas; más las vidas de otras decenas de miles de mexicanos, de cuyo paradero nada se sabe desde el periodo de Calderón y lo que va de la administración de Enrique Peña Nieto.

Un día, tal vez, se descubrirá que el número verdadero de criminales caídos en la guerra "contra" el narcotráfico fue muy inferior al de las llamadas "bajas colaterales" (bebés, mujeres, adolescentes y ancianos que pasaron por donde había enfrentamientos entre fuerzas armadas civiles y militares, o al cruzar retenes a cargo de soldados drogados o borrachos), y por supuesto al número de "falsos positivos", o inocentes ejecutados por el Ejército o la Marina y presentados como delincuentes abatidos gracias a la imaginaria eficacia del gobierno en su lucha contra el hampa.

El concepto "falsos positivos" nació en Colombia durante el gobierno de Álvaro Uribe Vélez, para incentivar la productividad letal de los soldados: cuando éstos secuestraban, por ejemplo, a un indigente, y lo asesinaban y después lo disfrazaban de guerrillero dizque "caído en combate", recibían en premio un cheque de 2000 dólares o alguna otra forma de compensación. Uno de los creadores de tal perversidad —junto con el general Camilo Ospina, que entonces era ministro de Defensa— fue el general Óscar Naranjo Trujillo, a la sazón jefe de la policía colombiana.

Si Felipe Calderón importó este sanguinario sistema de estímulos y recompensas, a fin de justificar el subsidio que los Estados Unidos le daban para la Iniciativa Mérida (hermana gemela del Plan Colombia), Enrique Peña Nieto —quien como gobernador del Estado de México visitó cinco veces a Uribe en Bogotá— no dudó en traerse al mismísimo general Naranjo en persona como su asesor externo, para que nos enseñara a utilizar aquí otra de sus mortíferas invenciones.

Los grupos paramilitares que en Colombia fueron usados contra la guerrilla y el narcotráfico, hasta que sus líderes cayeron presos acusados de múltiples y gravísimos delitos en medio de un océano de tumbas clandestinas, en México surgieron en febrero de 2013, dos meses después del ascenso de Peña al poder; y entraron en acción en Michoacán bajo el nombre de "autodefensas ciudadanas", para exterminar a los Caballeros Templarios. No en vano es ahora entorno del lago de Chapala y otras regiones de Jalisco que colindan con Michoacán, donde aparecen día tras día nuevas fosas clandestinas.

Matanzas paralelas. Gracias a la propaganda oficial que ensalzó las "virtudes" de la reforma energética, hemos descubierto que la inexplicable impotencia de los órganos de seguridad del Estado mexicano, ante la furia arrolladora de los cárteles, tuvo una finalidad estratégica en los estados de Chihuahua, Coahuila, Tamaulipas y Nuevo León (cuyos habitantes morían y siguen muriendo en forma multitudinaria y pavorosa): despoblar las tierras de cultivo, los ranchos ganaderos y las pequeñas comunidades y pueblos que en el subsuelo contienen grandes masas de rocas de tipo pizarra, esquisto o lutitas llenas de gas natural, el más codiciado de los hidrocarburos.

Sin embargo, no todas las formas de la violencia aplicada por el crimen organizado con el apoyo de las autoridades persiguen exclusivamente la apropiación de yacimientos petroleros. Examinemos el caso Michoacán, donde a lo largo del sexenio de Fox, y a partir de que éste facilitara la salida de la cárcel de Joaquín *El Chapo* Guzmán, se consolidó el predominio del cártel de Sinaloa.

Éste debió enfrentarse, cada vez con mayor intensidad, contra las bandas al servicio del cártel de los Zetas, y después contra la Familia Michoacana, que fundó un grupo de delincuentes locales para tratar de arrebatarle el control de su hábitat natural a las otras dos organizaciones. Pero mientras estas pugnas ensangrentaban los caminos, los puentes y las primeras planas de los diarios, se desarrolló calladamente una oscura relación entre políticos de todos los signos, que bien podría sintetizarse así:

2001: Los rebeldes indígenas del EZLN llegan al Congreso de la Unión, para exigir la aprobación de leyes basadas en sus usos y costumbres ancestrales, y plasmadas en los ya olvidados Acuerdos de San Andrés (firmados entre el gobierno de Ernesto Zedillo y los zapatistas en febrero de 1996).

A pesar del espectáculo que protagonizan los indígenas y el subcomandante Marcos para renovar la simpatía de la sociedad a favor de su causa, Fox y su "gobierno de empresarios, por empresarios y para empresarios" se opone a que la llamada "reforma indígena" sea incorporada a la Constitución. A esta postura se suman los dos grandes partidos de la derecha —el PRI y el PAN—, pero el "líder moral" del PRD, Cuauhtémoc Cárdenas, logra la adhesión de los diputados y senadores de izquierda a la postura presidencial.

Uno de los legisladores que rechaza la petición del EZLN es el joven Lázaro Cárdenas Batel, y Cuauhtémoc, su padre, explota con talento el sorpresivo respaldo de su primogénito a Vicente Fox. A cambio, el primer presidente de México adscrito al ultramontano PAN mueve sus influencias para que Cárdenas Batel gane la gubernatura de Michoacán. En reciprocidad, Lazarito obsequia a Marta Sahagún, esposa de Fox, las hermosísimas playas de El Tamarindillo, tras las cuales se alzan imponentes montañas pletóricas de metales susceptibles de convertirse en acero.

2009: Mientras el cártel de la Familia desplaza a Zetas y sinaloenses de la Tierra Caliente de Michoacán, donde florecen las proscritas y a la vez sobreprotegidas amapolas (de las que se obtiene la goma de opio para producir heroína), muy cerca de El Tamarindillo los indígenas nahuas, que han vivido desde siempre en esa región, empiezan a padecer el terror diseminado por un grupo criminal que, mediante asesinatos a mansalva y desapariciones forzadas, trata de sacarlos de las playas de Pómaro, Coíre, Ostula y Coahuayana, donde Fox planea establecer un polo turístico y dos empresas mineras —Ternium, de Italia, y ArcelorMittal Steel Company, de India— ambicionan los yacimientos de hierro.

2011: Agobiados por la violencia de los sicarios vinculados a la Familia y a las mineras, los indígenas ruegan a Javier Sicilia, líder del Movimiento por la Paz con Justicia y Dignidad, así como a la Policía Federal, que escolten a su dirigente histórico, don Trinidad de la Cruz, para que pueda regresar a Ostula.

Genaro García Luna, secretario de Seguridad Pública de Felipe Calderón, envía un convoy de la Policía Federal, que el 6 de diciembre de 2011 conduce a don Trino desde algún lugar del estado de Jalisco hasta Ostula. Para asombro del viejo líder, y de Pietro Ameglio, integrante del Movimiento por la Paz, que viaja como escudo humano al lado del abuelo, el episodio no puede terminar peor. Cuando la comitiva llega a Ostula, la Policía Federal se retira diciendo: "Nuestras órdenes eran traerlos aquí". Minutos después, sicarios salidos de la nada rodean a don Trino, lo arrastran hacia una milpa y lo matan a puñaladas. Al otro día, en una conferencia de prensa en la Ciudad de México, Pietro Ameglio relata llorando lo que atestiguó. ¿Y después qué? No pasa nada. El gobierno federal no se inmuta, pero su silencio es elocuente: García Luna *puso* a don Trino para que lo asesinaran, debe suponerse, con la venia de Calderón, a efecto de servir los intereses de Fox y de las mineras.

2012: La Familia Michoacana se escinde. Una parte funda el cártel de los Caballeros Templarios; la otra conserva el nombre que le dio fama y se pasa al Estado de México y el Distrito Federal.

2013: Bajo la batuta del general colombiano Naranjo Trujillo y del secretario de Gobernación, Miguel Ángel Osorio Chong, las autodefensas paramilitares, armadas, entrenadas y respaldadas por la Policía Federal, la Marina y el Ejército, empiezan a sacar a los Templarios de los municipios de la Tierra Caliente y la costa.

2014: Paramilitares y fuerzas armadas "recuperan" el estratégico puerto de Lázaro Cárdenas, que estaba dominado por los Templarios, y el gobierno de Peña revela que durante el sexenio de Calderón la Familia Michoacana exportó desde ahí más de 100 000 toneladas de acero a China, y que los Templarios tenían, listas ya para embarcar, 135 000 toneladas más.

Fracking. Agosto de 2013: Para conseguirle apoyo popular a la reforma energética, que en realidad no es sino la entrega de los hidrocarburos a los inversionistas privados, el gobierno mexicano emprende una intensa campaña publicitaria. Ésta pone de relieve que, según la Agencia Internacional de Energía (IEA, por sus siglas en inglés), los países que poseen las mayores reservas de gas *shale*, medidas en billones de pies cúbicos (bp^3), son:

1) China: 1 275

2) Estados Unidos: 872

3) Argentina: 774

4) México: 681

5) Sudáfrica: 485

6) Australia: 396

7) Canadá: 388

Países con más de 200 pero menos de 300 bp^3 son: Libia (290), Argelia (231) y Brasil (226). Los demás, prácticamente, no cuentan; sin embargo, en el Golfo de Guinea, frente a las costas de Nigeria, compañías europeas como British Petroleum (Inglaterra), ENI (Italia) y Total (Francia) realizan perforaciones en el lecho submarino, en un rango de 2 000 a 5 000 metros de profundidad, invirtiendo en cada pozo alrededor de 50 millones de euros (900 millones de pesos), sabiendo que de cada cinco pozos sólo uno les proporcionará un poco de hidrocarburos.

En la Cuenca de Burgos, donde el narcotráfico, las autoridades locales y el gobierno de Calderón llevaron a cabo incontables desapariciones forzadas de personas para despoblar la zona y adueñarse de tierras en cuyo subsuelo hay gas *shale*, perforar un pozo como los del Golfo de Guinea es más barato: cuesta, a lo sumo, 10 millones de dólares (130 millones de pesos), mientras en los Estados Unidos, a pocos kilómetros de nuestra frontera, las empresas que realizan la operación en condiciones idénticas cobran de dos a tres millones de dólares (de 26 a 40 millones de pesos), bajo la misma regla universal: de cada cinco pozos, únicamente uno tiene gas.

¿Cómo se extrae el gas *shale*, que está dentro de rocas conocidas precisamente como *shale* en inglés? Desde una plataforma en tierra firme se perfora un hoyo vertical del grosor de un barril, hasta localizar la capa de roca, a 1 500 o 2 000 metros, donde se supone que está el gas. A continuación se recubren de cemento las paredes del hoyo y la excavadora ejecuta perforaciones horizontales, en direcciones distintas, de la misma longitud que el tiro vertical. Y aquí empieza la pesadilla...

Los técnicos inyectan a presión un coctel de alrededor de 750 productos químicos, disueltos en aproximadamente 30 millones de litros de agua, para provocar explosiones dentro de los túneles horizontales a fin de romper la capa de roca y liberar el gas. Y cuando el gas sube a la superficie, donde es procesado y almacenado para su comercialización, los residuos químicos ascienden a la intemperie, donde liberan sustancias cancerígenas y otras que por su parte causan alergias o mutaciones genéticas.

Peor aún, no todo el gas llega a la superficie, y el que no sale del subsuelo, debido a la fuerza de la explosión que lo liberó, puede contaminar los mantos de agua dulce y aparecer en las casas de las personas que viven en las cercanías de los pozos. En internet hay múltiples videos en los que amas de casa, en Estados Unidos, Argentina y Europa, abren las llaves del fregadero de la cocina, acercan un cerillo al chorro de agua y ésta, inmediatamente, se incendia.

Para colmo de males, el gas sale del subsuelo una sola vez después de las explosiones, y allí termina todo. Esto explica, por ejemplo, el bajísimo rendimiento de los pozos de gas natural en los yacimientos del estado de Veracruz. ¿En qué consiste pues este "negocio" que daña el ambiente y suministra escaso combustible? En que las empresas petroleras cobran una fortuna por la perforación, la cementación y las detonaciones, además de compartir con el gobierno los muchos o pocos hidrocarburos que obtengan. Y concluido este proceso, empacan su maquinaria y se van a otra parte, sin importarles el basurero que dejan tras de sí, ni las consecuencias ecológicas para quienes vivan en el entorno de los pozos.

La técnica descrita aquí a grandes rasgos se llama en inglés *fracking* y se traduce en español como fractura o fracturación hidráulica. Síntoma de los infaustos tiempos que vivimos, en los meses previos a la aprobación de la reforma energética, cuyo objetivo principal, hay que repetirlo, es la explotación de gas *shale*, la prensa mexicana guardó unánime silencio: ninguna publicación asumió su responsabilidad social para alertar a la ciudadanía acerca de los peligros implícitos en el *fracking*.

La privatización de Pemex no sólo fue el resultado de una política criminal, diseñada muchos años atrás para despoblar la Cuenca de Burgos, sino que además se llevó a cabo en forma autoritaria, abusando de la ignorancia de la población, sobre todo la de aquella que vive donde se empleará el *fracking*. Con su complicidad, los medios desinformativos mexicanos contribuyeron a volver todavía más ensordecedor el silencio wagneriano —del que habla el último capítulo de este libro— que surge entre la noche y la niebla, cuando según el diccionario cesan de ulular o *chuchear* los búhos en el bosque.

Federico Mastrogiovanni. Durante su etapa formativa como reportero —no cuando estudiaba en La Sapienza de Roma, la universidad más grande de Europa, sino cuando graduado con honores topó con la vida real—, Federico Mastrogiovanni llevó durante varios años la agenda de Gianni Minà, *il grande* Gianni Minà. ¿A dónde la llevó? A todas partes. Por toda Italia, por toda Europa, incluso por el norte de África y el sur de América. Un día se le mojó durante una tormenta. Quien no sepa qué es la agenda de Gianni Minà no entenderá por qué Federico empezó a ponerse pálido como las hojas de la sagrada libreta, a medida que éstas se empapaban, y más cuando algunas de ellas, como las pestañas de las mujeres urbanas, comenzaron a soltar un líquido negruzco.

Si "un reportero es su agenda", como me dijo en 1977 un viejo maestro, ningún periodista en el mundo ha sido tan *su* agenda como Gianni Minà. En ese cuadernito figura, por ejemplo, la dirección donde estuvo la casa de *luce rossa* a la que en 1961 Minà llevó a John Lennon la primera vez que los Beatles fueron a Roma. De esa agenda Gianni sacó y yo copié los teléfonos de Bernardo Bertolucci y de Claudia Cardinale.

En dos ocasiones, Minà grabó a Fidel Castro en La Habana hablando de todo durante tres noches consecutivas. Gianni fue el artífice de la cinta *Diarios de motocicleta*, que luego produjo Robert Redford y dirigió Walter Salles. Realizó documentales maravillosos acerca de Muhammad Alí y Diego Maradona. Registró en un video al máximo futbolista argentino de todos los tiempos —que en realidad son dos: el primero y el segundo, salvo cuando hay tiempos extras—, contándole que tras una serie de excesos, errores, escándalos y fracasos lo metieron al manicomio. "Uno de los pibes decía *sho*, soy Napoleón; otro decía, *sho*, soy Gardel, y *sho* les decía, eh, chicos, *sho*, *sho* soy Maradona. ¿Vos?, me decían. Vos qué vas a ser Maradona. *Tas* loco..."

Gabriel García Márquez se perdió en la nieve, como el rastro de su famoso cuento; bajó del coche sin apagar ni los limpiadores, y se le acercó a Isabella Rossellini, es decir a la hija de Ingrid Bergman y Roberto Rossellini, que vestida de esquimal fumaba aros de vapor glacial, confortablemente sentada sobre una piedra. Estaban todos en el Sundance, el festival de Robert Redford, buscando financiamiento para *Diarios de motocicleta*, y con su insondable galantería, el bigotón de Aracataca le preguntó en colombiano:

—Oiga, ¿usted es la amiga de Gianni Minà?

Y lo que pasa es que cuando Isabella Rossellini tenía 16 años, sus papás estaban tan ocupados en ser mundialmente famosos que se les olvidó su desvalida niña. Gianni Minà la puso a jalar cables en los estudios de la RAI, donde era ya un presentador de programas estelares que en sus horas libres pasaba por los Beatles y los llevaba a espiar a las prostitutas fellinianas de Villa Borghese.

Discípulo de Minà, o en otras palabras, de uno de los periodistas más importantes de Europa, Federico Mastrogiovanni un día se cansó de llevar aquella mítica agenda y sólo unos años después llega a las páginas de este libro, convertido en un reportero de excelencia, especializado en conflictos y tragedias de América Latina, como el reciente golpe de Estado en Honduras o el catastrófico terremoto de Haití. Gracias a la calidad de sus materiales informativos, publica regularmente en medios de Suiza, Brasil, Italia y México. *Ni vivos ni muertos* marca su debut en la industria editorial y augura próximos y seguros trabajos, no menos contundentes que éste.

Se llama desaparición forzada. Reflejo del horror cotidiano que nos azota desde la falsa guerra contra el narcotráfico, o quizá incluso desde antes. La prensa mexicana adoptó la palabra "levantón" como eufemismo de secuestro o privación ilegal de la libertad. Esto es inexacto. Lo que hay detrás de cada levantón se llama desaparición forzada de personas. Cuando estas cuatro palabras se incorporen al Código Penal Federal y salgan en los periódicos, México posiblemente empezará a reconfigurarse como el país que ha dejado de ser.

JAIME AVILÉS
6 de marzo de 2014

Para los efectos de la presente Convención, se considera desaparición forzada la privación de la libertad a una o más personas, cualquiera que fuere su forma, cometida por agentes del Estado o por personas o grupos de personas que actúen con la autorización, el apoyo o la aquiescencia del Estado, seguida de la falta de información o de la negativa a reconocer dicha privación de libertad o de informar sobre el paradero de la persona, con lo cual se impide el ejercicio de los recursos legales y de las garantías procesales pertinentes.

Convención Interamericana sobre Desaparición
Forzada de Personas

Se entiende por desaparición forzada "el arresto, la detención, el secuestro o cualquier otra forma de privación de la libertad que sean obra de agentes del Estado o por personas o grupos de personas que actúan con la autorización, el apoyo o la aquiescencia del Estado, seguida de la negativa a reconocer dicha privación de libertad o del ocultamiento de la suerte o el paradero de la persona desaparecida, sustrayéndola a la protección de la ley".

Convención Internacional para la protección
de todas las personas contra las desapariciones forzadas
(Tratado Internacional ratificado por México el 18 de marzo de 2008,
entrado en vigor para México el 23 de diciembre de 2010)

Frente al desaparecido, en tanto esté como tal, es una incógnita el desaparecido. Si el hombre apareciera, bueno, tendrá un tratamiento equis. Y si la desaparición se convirtiera en certeza de su fallecimiento, tiene un tratamiento zeta. Pero mientras sea desaparecido no puede tener ningún tratamiento especial. Es una incógnita, es un desaparecido. No tiene entidad. No está. Ni muerto ni vivo, está desaparecido.

JORGE RAFAEL VIDELA, dictador argentino
Conferencia de prensa, 1979

Casualidad de una desaparición

Cuando se habla de desaparición forzada se piensa automáticamente en los casos emblemáticos de Argentina o Chile, en sus dictaduras militares, en aquellos años feroces y terribles, pero lejanos ya, que hoy son parte de un pasado que no se debe repetir. No se suele asociar esta práctica a México, aunque en México, en los últimos años, se han dado más de 27 000 desapariciones, según datos difundidos por la Secretaría de Gobernación a principios de 2013.

De todas estas desapariciones muchas son forzadas, aunque no exista una cifra oficial y no haya pruebas para documentarlas como tales. Se podría hablar de cientos de víctimas de desaparición forzada o de miles o decenas de miles con la misma facilidad. En este terreno por desgracia no se pueden hacer afirmaciones certeras, aunque muchas organizaciones de familiares de víctimas, que *de facto* se encargan de la investigación sobre sus familiares, intentan dar cifras tentativas.

Lo que sí se puede afirmar es que muchos casos son manejados como simple secuestro o extravío o privación ilegal de la libertad, cuando en realidad son casos de desaparición forzada, debido a la intervención, directa o indirecta, por acción o por omisión, de funcionarios públicos. La sociedad y el Estado mexicano todavía no asumen las graves repercusiones que ha traído consigo la ruptura sistemática del antiguo pacto histórico entre las instituciones y los ciudadanos, y mucho menos que los daños profundos en la estructura del tejido social tendrán consecuencias impredecibles.

Esas consecuencias probablemente se manifestarán a lo largo de las próximas décadas, pero los efectos directos e inmediatos de la desaparición masiva de personas, y de la desaparición forzada a nivel masivo, hoy por hoy son nuestra única guía para poder entender un fenómeno complejo, articulado y multifacético.

Para estructurar un discurso coherente y una explicación tentativa de este fenómeno puede ser interesante abordarlo desde la perspectiva de su percepción en los medios y, concretamente, desde una de las características principales que lo distingue y crea una cortina de humo que no permite identificar sus rasgos: la casualidad aparente.

Es la casualidad uno de los factores más frecuentes de las nuevas desapariciones en general y de las desapariciones forzadas en particular, en México en los últimos años. Muchos de los que recuerdan el fenómeno que se desarrolló en los años setenta y ochenta durante la que se conoce como *guerra sucia*, coinciden en que hay grandes diferencias con el pasado. La primera es que durante los años de las protestas gremiales y juveniles contra el verticalismo del Estado, años que fueron también de activismo intenso por parte de grupos opositores o movimientos estudiantiles o de la guerrilla incluso, se podía identificar con cierta facilidad a las víctimas y a los victimarios.

Por un lado estaban los jóvenes que pertenecían a movimientos guerrilleros como militantes o simpatizantes, o estudiantes comprometidos con temas sociales, con una fuerte participación política, o simplemente sus familiares y amigos. Éstas eran a grandes rasgos las víctimas de la desaparición forzada durante la *guerra sucia*.

Por el otro lado estaba el Estado, que a través de esta práctica ilegal y terrible reprimía con las herramientas de la tortura y de la desaparición sistemática todo movimiento o individuo que pusiera en discusión su autoridad, o mejor dicho, su autoritarismo. En pocas palabras y simplificando mucho el concepto, era posible identificar claramente las características de los actores involucrados, entender la línea represiva.

Aunque un "nuevo tipo" de desapariciones forzadas comenzaron a darse durante el gobierno de Carlos Salinas de Gortari y persistieron a lo largo de las administraciones posteriores, es en el sexenio que va de 2006 a 2012, el del presidente Felipe Calderón Hinojosa, cuando las cosas cambian. A partir de su primer año de gobierno, y junto con la "guerra al narco" que declaró en enero de 2007, las desapariciones forzadas de nuevo tipo aumentan en forma catastrófica en todo el país. El rasgo que estas desapariciones mantuvieron durante todo el periodo de Calderón, y que conservan también en el sexenio de Enrique

Peña Nieto, es su aparente casualidad junto con la criminalización de las víctimas.

Una actitud, que se hizo costumbre, fue y sigue siendo la de atribuir a las nuevas víctimas de desaparición y de desaparición forzada, públicamente y a través de los medios de comunicación, la sospecha de algún tipo de culpabilidad. Junto con esto se destaca el elemento aparentemente aleatorio y "sin sentido" de las desapariciones recientes.

Escuchando las noticias en México, leyendo los periódicos, los tabloides amarillistas que se venden a tres pesos en el metro o los más reconocidos, que se entregan al público a la puerta de los aviones, se tiene casi siempre la impresión de que las víctimas de desaparición "tenían algo que ver con el crimen organizado", que "estaban involucradas en algo". A menudo se utilizan exactamente estas expresiones.

Como es imposible que alguien se tome la molestia de examinar a fondo cada uno de los casos, éstos se convierten en una muy larga serie de eventos aislados de personas que simplemente desaparecen. Lo más fácil entonces es escribir frases como "estaba relacionado con el crimen organizado" y la situación no requiere otra explicación. Las familias, en muchos casos aterrorizadas, ni siquiera intentan limpiar la reputación de su ser querido desaparecido, tan preocupadas como están por encontrarlo con vida. Así se difunde la idea, el lugar común, de que las víctimas de desaparición forzada son criminales y, por ende, se merecían lo que les pasó, en un silogismo perverso que cierra un círculo de prejuicio e impunidad.

Pero si uno se acerca a ver con más atención las historias individuales de los desaparecidos, se puede dar cuenta de cómo las circunstancias en la gran parte de los casos no son tan claras ni sencillas. Uno se entera de cómo los "rumores" sobre la culpabilidad de un desaparecido no tienen nada que ver con la realidad. Y se derrumba con estrépito lo que antes parecía una explicación perfecta, redonda, en la que el dolor infligido a los desaparecidos y a sus familiares era de alguna forma justificado, entendible en un cuadro de crimen y castigo (aunque el castigo sea totalmente fuera de la ley y arbitrario). Lo único que permanece en pie es la conciencia de una regla aterradora: la casualidad.

Las mismas instituciones tienen una responsabilidad muy grande en esta dinámica de criminalización de las víctimas, porque no dedican el tiempo, el esfuerzo ni las estructuras necesarias para resolver los casos de desaparición. Esto cuando no están directamente involucradas en las desapariciones mismas. Así, los delitos de desaparición forzada quedan en su mayoría no resueltos, los responsables no se encuentran, y si se encuentran no se castigan. Además, en muchos estados de la República mexicana el delito de desaparición forzada no está tipificado en los códigos penales, de modo que se puede castigar a los culpables sólo por "privación ilegal de la libertad" o "secuestro".

El delito de desaparición forzada de personas es un delito continuado. Esto quiere decir que no se acaba hasta que aparezca la persona desaparecida, o su cuerpo. Este elemento es muy importante para entender las razones por las que muchos estados no quieren tipificar este delito.

La casualidad está solamente en la elección de las víctimas por parte de sus victimarios, no en la estrecha colaboración entre autoridades y crimen organizado, ni en la falta de interés demostrada por el Estado mexicano para resolver el problema de la desaparición forzada. Esto, por el contrario, no es nada casual. Como se verá más adelante, puede ser parte de una verdadera estrategia del terror.

Como explica el profesor Pietro Ameglio, historiador y miembro del Movimiento por la Paz con Justicia y Dignidad,

el desaparecido es una construcción social en un modelo de la guerra y del terror. No es una cosa casual que de golpe en algunos países, como en México, por accidente ya no se encuentran las personas. No, es una construcción totalmente racional y metódica, muy importante como base para no creer que es un accidente de la guerra; es una vuelta de tuerca en todo el proceso bélico con un nivel de sadismo, de perversión, de terror, de dolor brutal.

Según Ameglio, existe una diferencia muy importante entre el terror y el miedo.

El miedo es una situación positiva, humana, que te agudiza las defensas. Es como la basura que huele a podrido. Qué bueno que huela mal porque es algo diferente en mi alrededor que hace que yo suba mis antenas, mi seguridad. En cambio el terror te paraliza, no te deja pensar. Bajo el terror uno hace todo lo que no tiene que hacer y permite que avance el proceso de la guerra, del encierro. La frase más común en México ahora es "ya no puedo salir de mi casa". Entonces se libera la calle, se libera el territorio (a los agentes) del delito y los que controlan el territorio pueden actuar con impunidad total.

Ameglio insiste: el desaparecido es producto de una construcción social, es decir, una obra colectiva, fruto de

una estrategia donde no es sólo el crimen organizado sino todos sus múltiples aliados que van desde la clase política, la clase empresarial, las fuerzas con armas, todos son parte de esta construcción del desaparecido. En este sentido lo que interesa es que crezca este fenómeno. Un modo en que crece es con la distracción gubernamental y de las autoridades, la dilación y el uso de palabras o términos con los que se criminaliza a estos cuerpos [humanos no localizados], donde se busca llevar la atención a otras partes.

Esto sí es una construcción, no es una casualidad.

Pero ¿cuál es el sentido más profundo de este fenómeno? ¿Se puede llegar a una explicación? La pregunta más frecuente que queda sin respuesta es la más sencilla: ¿Por qué?

Después de una investigación realizada en muchos lugares de México, mediante entrevistas a familiares de desaparecidos, expertos en temas de violencia y narcotráfico, historiadores, politólogos, activistas, periodistas, funcionarios públicos, víctimas mismas de desaparición, hemos llegado a una posible explicación, que tiene sentido sólo asumiendo una mirada más amplia, una mirada geopolítica.

Antes que todo hay que preguntarse cuál es la importancia estratégica de México. Qué es lo que justifica tanta violencia y explica una estrategia del terror tan descarada y despiadada por parte del Estado. La producción y el tráfico de drogas (como la marihuana y la amapola que se siembran en México o la cocaína que llega de Colombia) sólo representan una parte de la importancia estratégica del país. Una parte que mantiene ocupados a muchos analistas y comunicadores que ven en esta cortina de humo llamada "droga" la razón de todo tipo de violencia.

México, en la zona de la Cuenca de Burgos, que comprende los estados de Nuevo León, Coahuila, Tamaulipas y el norte de Veracruz, tiene en su subsuelo la cuarta reserva mundial de gas de pizarra, esquisto o lutitas, más conocido por su nombre en inglés: *shale gas*.

Este importantísimo recurso natural es un verdadero tesoro que está a disposición de quien pueda extraerlo, pero todavía no ha sido explotado. La cuarta reserva mundial de *shale gas* está en un territorio controlado totalmente por los Zetas, un grupo paramilitar que se constituyó a partir de cuerpos especiales del ejército mexicano, gente que venía del Grupo Aeromóvil de Fuerzas Especiales (GAFE), de la Brigada de Fusileros Paracaidistas (BFP), así como del Grupo Anfibio de Fuerzas Especiales (Ganfe), entre otros.

Entonces resulta que el grupo delictivo más violento, mejor entrenado, más peligroso, probablemente más poderoso del país, es el *dueño* absoluto de las zonas más importantes en términos geoestratégicos y de recursos naturales de todo México.

En la Cuenca de Burgos están presentes las mayores reservas de gas y petróleo *shale*, y la zona está bajo el control directo de un grupo criminal como los Zetas, pero, inexplicablemente, el Estado mexicano no ha podido hacer nada contra ellos durante años.

Buena parte de la información reunida para este libro, a través de entrevistas con técnicos, ingenieros y funcionarios de empresas trasnacionales del petróleo, proviene de testimonios que ayudan a interpretar, de una manera diferente a la usual, la etiología, el origen de la violencia, o de una forma particularmente atroz de violencia, en países como México.

La estrategia de muchas empresas trasnacionales del petróleo consiste en apoyar a gobiernos autoritarios en países ricos en recursos energéticos. Los gobiernos deben comprometerse a dejar que en las zonas más importantes para los recursos se genere o se difunda un alto nivel de violencia, de terror, con un gran número de asesinatos y desapariciones; esto, para agilizar el desplazamiento forzado de las poblaciones que viven en las zonas donde se encuentran los recursos energéticos.

Los funcionarios de esas empresas, que explican este tipo de "políticas", hablaron conmigo bajo la condición de que sus nombres y rostros, por razones de seguridad, permanecerían detrás de cámaras y grabadoras. Son técnicos que llevan décadas trabajando para trasnacionales europeas en distintas zonas de conflicto en el mundo. Son una especie de expatriados. Son personas que no tienen una formación en ciencias políticas o económicas, sino en ingeniería de los pozos, en mecánica de suelos o geología. Personas que trabajan en el campo y conocen las reglas de sus empresas porque las viven en forma directa.

En las zonas de conflicto donde hay violencia y petróleo, la desaparición forzada de personas es una de las estrategias más efectivas para sembrar terror en la población. Junto con el asesinato masivo, la tortura o las decapitaciones, es uno de los elementos más seguros para que la gente deje sus hogares y sus ciudades en oleadas de desplazamiento masivo.

Eso es precisamente lo que ha pasado durante los últimos años en muchas regiones de México. Muchas regiones ricas en recursos energéticos, en agua, o en minerales, como los estados de San Luis Potosí, Michoacán, Chihuahua y otros. Durante los años de terror, en los que la violencia es aparentemente casual, los actores que se encargan de controlar el territorio, asistidos por las fuerzas de policía, el ejército o las instituciones del Estado, en la confusión y en la incertidumbre generalizada, pueden "eliminar" también a personas que pertenecen a movimientos sociales, líderes comunitarios que se oponen a los megaproyectos, activistas que organizan al pueblo contra la explotación de su tierra y periodistas incómodos. Muchas de estas víctimas se vuelven parte del número de saldos "casuales" o "accidentales" de la "violencia". Sus muertes o sus desapariciones pasan desapercibidas en el clima de terror generalizado. Se pierde de vista su papel en la lucha social, diluido entre tantas muertes, tanta violencia. Se desarticula el tejido social así como la organización de resistencia.

Después de los años de terror y desplazamiento forzado, siempre según la experiencia de las empresas trasnacionales dedicadas a la explotación de recursos minerales o energéticos, llega un momento de paz aparente, en el que baja el nivel de violencia, o por lo menos baja en los medios de comunicación y en la percepción colectiva. En los territorios de interés estratégico entran formalmente el ejército o las fuerzas de policía y ocupan "legítimamente" los territorios que antes eran escenarios de violencia. Luego se crean las condiciones para que las empresas se instalen y empiecen a explotar, por medio de concesiones, las tierras que el Estado les entrega. De tal modo se adueñan, *de facto*, de territorios que pertenecen al pueblo.

En el caso de México, después de un sexenio entero de violencia y de "guerra al narco", conducida por el ex presidente Felipe Calderón Hinojosa, el gobierno priísta de Enrique Peña Nieto se presenta ahora como el promotor de una era de paz y tranquilidad; de seguridad para invertir nuevamente en el país. Sin embargo, los números de su gestión desmienten rotundamente la percepción que intentan transmitir los medios con falsas noticias que en realidad son propaganda.

Por otra parte, el trabajo de los periodistas es fuertemente hostigado. La libertad de prensa en México es una quimera, siendo este país uno de los lugares más peligrosos del mundo para ejercer esta profesión, a la par de países en guerra como Siria, Irak o Libia. Y los mismos periodistas que quieren simplemente hacer bien su trabajo son víctimas de desaparición forzada, torturas, asesinato, además de amenazas de todo tipo.

El último caso fue el de Gregorio Jiménez de la Cruz, periodista del diario *Notisur* de Veracruz que se ocupaba en su trabajo de "secuestros de personas" en el estado del Golfo, y fue desaparecido a su vez el 5 de febrero de 2014 en Xalapa. Su cuerpo fue encontrado el 11 de febrero en la localidad de Las Choapas, Veracruz.

Según datos de la organización en defensa de periodistas Artículo 19, durante el gobierno del priísta Javier Duarte de Ochoa, de 2009 a diciembre de 2013 se habían cometido 132 agresiones contra la prensa en el estado de Veracruz. Diez periodistas han sido asesinados en ese periodo (incluyendo a *Goyo* Jiménez de la Cruz) y cuatro están desaparecidos. En los primeros dos meses de 2014 son tres los casos de periodistas desaparecidos sólo en el estado de Veracruz. En el caso de Gregorio Jiménez, la versión del gobernador del estado, Javier Duarte de Ochoa, fue que su desaparición y su asesinato se debían a motivos pasionales.

En lo que va de la administración de Enrique Peña Nieto, México sigue destacando como uno de los países más inseguros en el mundo para ser periodista, donde el periodismo es considerado una amenaza que hay que castigar con la desaparición o la muerte.

En los hechos, los asesinatos y las desapariciones forzadas en 2013, después de 12 años de gobierno del PAN, no sólo no han disminuido, sino que han mantenido el ritmo que alcanzaron en el sexenio anterior. Lo que sí ha cambiado es el discurso oficial. Según un cálculo del Sistema Nacional de Seguridad

Pública (SNSP), en 2013 se denunciaron 1 695 "secuestros" en México. Esto habla de un promedio de 4.6 desapariciones por día. Lo que el recién nombrado coordinador nacional antisecuestro, Renato Sales Heredia (el *zar antisecuestros*), ha oficializado, o reconocido a nombre del Estado, es que las desapariciones son muchas más, confirmando cálculos que desde hace años hacen organizaciones de la sociedad civil y grupos de familiares de víctimas. Según este cálculo, aceptado por Sales Heredia a principios de febrero de 2014, por cada caso de secuestro o desaparición que se denunció en 2013, hubo 11 más por día que no fueron denunciados. Esto indica que si en 2013 fueron denunciados 1 695 secuestros ante el Ministerio Público, en realidad las personas desaparecidas habrían sido 18 645, o sea 51 desapariciones por día.* Más de dos desapariciones por hora. La gran parte de ellas es probable que sean desapariciones forzadas. Y sólo en 2013, el primer año de la nueva era del PRI.

A pesar de lo anterior, y de acuerdo con el ciclo violencia-despoblamiento-paz aparente-reactivación económica, ahora en México, formalmente, es tiempo de hablar de paz, de inversión, en específico de inversión extranjera. No es casual entonces que, bajo esta perspectiva, el Congreso haya aprobado con urgencia una reforma energética que permitirá a las empresas trasnacionales extranjeras explotar los inmensos recursos presentes en territorio mexicano. Esta actividad les estaba

---

* http://www.milenio.com/firmas/juan_pablo_becerra-acosta/mil-secuestros-cobardes-huevones_18_238956114.html.

prohibida debido a la nacionalización de los hidrocarburos realizada por el presidente Lázaro Cárdenas en 1938, pero la burlaban con argucias y eran apoyadas por el gobierno en turno desde la última década del siglo pasado. Ambos procesos —la apertura paulatina del sector energético a los capitales privados y la agudización de la violencia y el terror— se han desarrollado en forma paralela. Es en este sentido entonces que se individualiza y se subraya la responsabilidad del Estado mexicano en la desaparición forzada de decenas de miles de personas.

Durante la *guerra sucia* era un comité, prácticamente clandestino, sometido a las órdenes del presidente de la República, el que se encargaba de decidir quién tenía que desaparecer. En la actualidad existe, más bien, un Estado que no defiende los intereses de los ciudadanos mexicanos y que actúa, al margen de cualquier ley internacional, en contra de sus propios ciudadanos, violando derechos humanos y civiles, y haciéndose responsable de delitos aberrantes como la desaparición forzada de personas.

Existen muchos grupos de poder, nacionales e internacionales, que definen la agenda política de los partidos, haciendo valer intereses contradictorios y rebasando la representación democrática para imponer políticas públicas que se aprovechan de la violencia creciente en el país. En la práctica todos los partidos se alinean con la agenda de las empresas trasnacionales. Los nuevos proyectos de Pemex, que se realizarán también gracias a la tecnología de las compañías globales de los energéticos, buscan explotar de una forma más consistente los recursos de *shale gas* y *shale oil* del noreste del país. La explotación

del gas *shale* en la Cuenca de Burgos es una de las priorida-
des de Pemex, que aprovechará la inversión en tecnología e
infraestructura de las trasnacionales extranjeras que están listas
para empezar a trabajar en territorio mexicano.*
Mientras el Estado mexicano busca tecnologías de punta
para optimizar la extracción de recursos estratégicos en beneficio de sus socios extranjeros, no muestra el mismo interés por
descubrir técnicas de investigación para poner fin a la desaparición forzada. Tal vez por ello, el fenómeno de la desaparición forzada en México ha tomado dimensiones enormes. Ya
no se trata de pocos casos que "se salieron de las manos" de
las instituciones. Estamos enfrentando una estrategia del terror
que tiene características y vinculaciones todavía por conocerse,
implicaciones y responsabilidades que van de los funcionarios
más marginales hasta policías, militares, gobernadores de estados, secretarios de gobierno y probablemente la misma cúpula
del Poder Ejecutivo. Tomará años poder superar esta fractura entre las instituciones y la ciudadanía, esta guerra silenciosa contra el pueblo de México, llevada a cabo por sus mismas
instituciones. El baño de sangre sólo llegará a su fin cuando
se logre que el Estado reconozca sus responsabilidades frente
a las víctimas e inicie un proceso de limpieza y de lucha contra
la corrupción realmente efectivo, cosa que hoy parece todavía
muy lejana.

---

* http://www.milenio.com/tamaulipas/cuenca-Burgos-mira-Pe-
mex_0_127787633.html.

Lo que se intenta hacer con este trabajo periodístico es trazar un mapa del fenómeno en todos sus aspectos, es decir, darle sentido a una tragedia que no parece tener pies ni cabeza, aportar testimonios y documentos, que en un futuro ayuden de alguna manera a entender en pretérito el horror que hoy se vive en presente.

I

Alan

Es una cancha de futbol como tantas. A lo mejor más bonita y mejor cuidada que muchas otras. Un equipo de niños salta desde la parte trasera de una pick-up blanca. Los niños traen puesto su uniforme blanco y negro, sus zapatos de futbol y corren hacia la cancha. Son las nueve de la mañana de un sábado de febrero. La luz del día toma el color de la plata cuando se refleja en el asfalto que rodea el espacio verde de la cancha. Una banca de cemento vacía cerca de un poste de luz es el único lugar en la calle donde puedo sentarme. Desde aquí se ve el campo a través de una reja. El aire de Cuernavaca es fresco, es una linda mañana de sol y todavía no llega el calor. En la colonia Plan de Ayala no hay mucho tráfico. A las nueve y media, el árbitro pita entre los 22 chamacos. Empieza el partido.

A 300 metros de la banca, de la cancha, de los gritos del juego, en medio de una bajada que da vértigo sólo de verla, se abre la puerta de una casa. Una casa modesta, como muchas, en una calle estrecha y muy empinada. Desde afuera se ve chueca, con una escalera negra, de metal, que llega hasta el piso de arriba. Dentro hay pocos muebles, una mesa vacía, una escalera de concreto que sube y se acaba bruscamente en el techo del piso de arriba. Es una escalera sin salida, que anteriormente conectaba los dos pisos y que ahora es parte del mobiliario. A la mitad de la escalera hay una pequeña vela encendida, acompañada por una estatua de san Judas Tadeo, un crucifijo de madera, dos fotos.

En la primera foto aparece en primer plano un cura durante una ceremonia religiosa. Frente al cura, una quinceañera emocionada espera la bendición. Al fondo, a la izquierda, en las últimas bancas de la iglesia, se ve un joven del que no se reconoce el rostro. Está fuera de foco, trae una playera azul, lentes de sol en la cabeza y sonríe, porque está a punto de darle la mano a una persona que queda escondida atrás de la quinceañera.

La segunda foto es de un niño de alrededor de 12 años, un poco cachetón, la mirada seria y tranquila, bien peinado con gel y vestido con una camisa blanca.

—Aparte de la credencial de elector y un par de cuando era bebé, son las únicas fotos que tengo de mi hijo —Rosa María sostiene en las manos una credencial del IFE. En ella está el rostro de Alan, a sus 18 años. Camisa azul, mirada seria, todavía su rostro no adquiere la dureza de un adulto. La mujer se queda en silencio mientras observo la cara de su hijo. Luego guarda con delicadeza la identificación en un bolsillo de su falda color café, da una media vuelta y se dirige hacia la puerta que hay al fondo del pequeño comedor—. Por aquí está su cuarto, si quiere podemos pasar a verlo.

No espera mi respuesta y dando unos pasos rápidos ya está a la mitad de la sala. En el cuarto de Alan hay una cama individual cubierta con un edredón de dibujos florales. En la pared, sobre la cabecera de la cama, un crucifijo de madera, una foto de cuando él era bebé, un calendario. Una cajonera soporta una vieja tele, unos muñecos que representan a personajes de las caricaturas japonesas llamadas "anime" y unas viejas consolas de videojuegos.

—Aquí están todas sus películas —me explica Rosa María abriendo dos cajones—, eran su gran pasión —dice y se detiene con un poco de vergüenza—. Son su gran pasión —rectifica—, las películas, las caricaturas japonesas. Se gasta lo poco que gana en películas, en estos muñecos, no sé, le encantan. Siempre me decía, mamá, algún día quiero ir a Japón. Aquí están todas guardadas.

Las películas, bien ordenadas, llenan los cajones. Por detrás de la cama de Alan se abre otra puerta, que lleva al cuarto de Rosa María y José Alfredo, sus padres. Rosa María me sigue mostrando su casa.

—Tenemos juntas las recámaras, él siempre me avisaba [cuando salía]. Me decía: "Mamá, estoy aquí". "Sí, hijo, avísame cuando regreses." Ya cuando llegaba de alguna fiesta o posada: "Ya llegué, mamá". "Ándale pues", le decía yo. Me tocaba la puerta, él traía su llave de la calle, él abría y ya, ya sabía que ahí estaba él.

Unos tenis, tirados en el piso debajo de la cama, y algunas camisas ordenadas y bien planchadas testimonian su presencia. Es el cuarto de una persona que ha salido a platicar, a comprar algo, que se ha ido a trabajar y que al rato regresa. Habla el abogado Miguel Ángel Rosete Flores, defensor de la familia de Alan:

El 24 de diciembre del 2011, cerca de las 19:00 horas, un comando armado a bordo de seis o siete camionetas de lujo llega a la cancha de futbol de Altavista, en la colonia Ampliación Plan de Ayala, aquí en Cuernavaca.

Falta poco para la fiesta de Nochebuena, son casi las siete de la tarde, Alan está fuera de su casa, junto con sus amigos de siempre, en la banca de siempre, a un lado de la cancha de futbol, donde se ven y platican todos los días, desde que eran niños. Los amigos se preparan para cenar en familia, en las casas modestas de la colonia, donde todos se conocen de toda la vida. Platican y bromean, como siempre. De repente, las camionetas que menciona el abogado Rosete Flores aparecen en la esquina, ocupan la calle, obstruyen el paso, la cierran. Unos hombres armados se bajan de ellas.

Los hombres armados se acercan a las cuatro personas sentadas a un lado de la cancha de futbol de Altavista, denominada el Olímpico, y les solicitan información de una persona de esa colonia de apellido Reza. Negarse a proporcionar esta información es el motivo, la causa suficiente para privarlos de su libertad, subirlos a su camioneta y llevarlos hasta el domicilio que estaban buscando.

Los hombres armados hacen preguntas, que dónde está la casa del tal Reza, el presidente de la Liga de Futbol de Altavista, que si lo saben, que ellos seguro lo tienen que saber. Los jóvenes contestan que no, no saben dónde está la casa del señor Reza. Una respuesta apresurada, de gente de barrio. Pero es la respuesta incorrecta. José Alfredo Cerón, el papá de Alan, recuerda así esa tarde:

—Yo todavía ese día, el 24 de diciembre, vi a mi hijo como a las tres, tres y media. Todavía le digo: "Alan, ponte a enfriar los refrescos para que estén fríos para la noche". "Sí, papá", me dice, "¿trajiste la botella para que brindemos al rato?" Y ahí está la botella, ya nadie tocó la botella. ¿Pues qué brindaba uno? Todos estábamos con dolor, desgraciadamente andábamos en la calle, arriesgándonos, buscándolo a él. Ahí está la botella que me había encargado para que brindáramos ese día.

Rosa María lo vio aún más tarde:

—Todavía iba yo a cobrarle a una vecina y lo vi a las seis y media. Le dije: "Hijo, me vas a ayudar", le digo, porque luego la casa está abierta, como mi mamá vive arriba dejo la casa abierta, y le dije: "Está abierta la casa y la abuelita está sola". "Sí, mamá, ahorita voy para allá", me dice él, "no te preocupes". La balacera fue a las siete y veinte, y yo pasé a las seis y media, media hora antes de que se lo llevaran. Todavía estaba clarito. Si yo hubiera sabido, "¿sabes qué?, vámonos, hijo", pero yo no supe nada. Entonces lo levantaron junto con otros muchachos, pero a esos muchachos ya los soltaron.

Levantaron a cuatro personas, entre ellas el hijo de la familia Cerón Moreno, de nombre Alan Israel Cerón Moreno, junto con el M., C. y el tío de M. de nombre A. Los sicarios buscaban la ubicación del señor Reza, que es presidente de la Liga de

47

Futbol de Altavista. Salieron del campo de futbol de Altavista, a bordo de siete unidades. Balacearon una casa, que presumimos es de la familia Reza. Esos balazos alertaron a vecinos de la colonia para reportarlos en el 066 y al momento de reportarlos la policía municipal de Cuernavaca se trasladó al lugar de los hechos. Llegando al lugar la policía municipal de Cuernavaca retrocedió ante la cantidad de sicarios.

Rosa María ha agarrado una foto de Alan, de cuando era pequeño. La punta de sus dedos se hace blanca por la fuerza con la que aprieta el viejo marco.

—Mira, éste es Alan cuando tenía un año. ¿Es muy güero, verdad? Siempre le digo: "Tú pareces gringo, blanco-blanco y chapeado", o sea alto. Siempre trabajaba con mi esposo —entonces fija su mirada en mis ojos, como si en mí buscara la razón de lo que le ha pasado a su hijo—. No sabes el infierno que estoy viviendo, de no saber nada de él, por qué se lo llevaron a él, si él no es una persona mala —su voz adquiere un tono gutural, parece otra persona la que habla. El espacio que la rodea se paraliza frente a un dolor tan profundo—. No sé cómo expresar mi angustia de no saber nada de él. ¿Dónde está? ¿Con quién está?

El 26 de diciembre del 2011, a las 14:00 horas, en la ciudad de Chilpancingo, Guerrero, elementos de la policía municipal de Chilpancingo encuentran a dos personas: a Alan Israel y a Lupita Román González, atados de pies y manos con cinta canela; a Alan con un calzoncillo tipo bermuda, sin camisa y sin zapatos, a Lupita con un pantalón azul, blusa rosita, en chanclas. Argumentan los dos jóvenes haberse escapado de un lugar de cau-

tiverio, ésta es la colonia 20 de Noviembre [de Chilpancingo] donde empieza la zona montañosa.[*] Entonces, tenemos la firme convicción de que Alan se encontraba en una casa de seguridad en este perímetro. De ahí los policías municipales lo trasladaron a las oficinas del Ministerio Público de Chilpancingo, del Distrito Judicial de los Bravos, donde lo entregan al agente del Ministerio Público Omar Sandoval León, quien mintió a los papás y a un servidor, porque indicó que ese día no se había presentado a trabajar.*

En el espacio angosto del cuarto de Alan, cerca de una cortina que tapa un pequeño clóset, la madre vuelve a enseñarme la habitación vacía de su hijo. No hay ventanas; sobre la cajonera, los personajes de caricaturas japonesas son muñequitas sonrientes con su falda del uniforme escolar.

—Llegó casi semidesnudo, mojado, golpeado, así llegó ahí al Ministerio Público —Rosa María se esfuerza para no perder el control. Quiere que la historia se cuente bien. Quiere ser clara—. A él lo auxiliaron los policías, lo llevaron al Ministerio Público y de ahí él nos avisó el día 26. "Mamá", me dijo cuando sonó el teléfono, "soy yo, Alan". ¡Ay…! En ese momento sentí que me volvía la vida, le dije: "¿Dónde estás, mi amor, dónde estás? Me dice: "Mamá, estoy golpeado, pero estoy bien". Hijo, ¿sabes a dónde estás? Dice: "Estoy en el Ministerio Público de Chilpancingo, Guerrero, mamá, mándame dinero

---

[*] Así lo declararon los policías municipales que los encontraron. De Lupita Román ya no se supo nada después de su llegada al MP.

para regresarme a Cuernavaca y mándame una muda de ropa, que estoy muy mojado". ¿Se imagina?, con puro bóxer, todo le quitaron, su ropa, su dinero, su playera, sus tenis, todo, lo dejaron casi semidesnudo. Le digo: "Mira, ¿sabes qué, Alan", a dónde te mandamos dinero? No tienes la identificación", porque no se la había llevado. "Mamá, apóyenme." Le digo: "¿Sabes qué, hijo?, ya hablamos con el del Ministerio Público". Le dije: "¿Sabe qué?, téngamelo allá". Y ellos: "Sí, señora, aquí se lo cuidamos". Verificamos que sí era cierto de donde había hecho la llamada y ya en lo que nos alistamos, llegamos alrededor de las 10:00 de la noche sin conocer, allá el pueblo, esa ciudad, ya llegamos ahí, con trabajos dimos con el Ministerio Público, llegamos ya seguros de que lo íbamos a encontrar, porque ya le habíamos dicho al del MP que lo tuviera ahí, mientras nosotros llegábamos, que lo cuidaran, pues, que lo atendieran, que lo auxiliaran por la forma en la que había llegado.

Después de haber desaparecido en Cuernavaca el 24 de diciembre de 2011, a manos de un grupo de sicarios, Alan Israel, junto con sus secuestradores se encuentran involucrados en una balacera en la colonia Altavista y luego en la colonia Zacatierra. Luego, tanto la camioneta como sus ocupantes se desvanecen.

El día 26, en la tarde, de forma totalmente inesperada, llega la llamada de Alan, desde las oficinas del Ministerio Público de Chilpancingo. La emoción de Rosa María y José Alfredo es enorme. Hay que preparar un cambio de ropa, encontrar un carro que los pueda llevar a Chilpancingo, porque el taxi de José Alfredo no es seguro para ese viaje. Hay que apurarse porque Alan está esperando, ya debe de querer regresar a su casa, cualquier cosa que le haya pasado estará muriéndose de ganas de regresar.

El viaje de Cuernavaca a Chilpancingo dura menos de tres horas, pero a los papás de Alan les parecen años. Sienten que nunca se va a acabar la carretera oscura, silenciosa, como si esa línea blanca en medio del asfalto los llevara al fin del mundo. La llegada a Chilpancingo es tensa. La angustia se mezcla con la esperanza y con la impaciencia por ver a Alan sano y salvo. Mientras cuenta sus expectativas en el cuarto vacío de su hijo, Rosa María vuelve a vivir aquellos momentos.

—Llegando al Ministerio Público no nos quieren dejar pasar al principio, luego nos dicen: "Vénganse, es acá". Digo: "¡Ay! Ya voy a ver a mi hijo", y ya que nos metemos: "¿Sabe qué?, somos familiares de Alan, venimos por él". Llegamos ahí y le digo al del Ministerio Público: "Señor, somos los familiares de Alan, ya venimos por él". "Ya se fue", me dice. "¿Cómo que ya se fue? ¿Cómo?, si se lo dejamos a usted, que por favor lo cuidara, o sea, lo auxiliara, pues." "No, pues agarró y ya se fue." Me lo dijo con una simpleza, así, indiferente. Y que le digo: "No, no es posible, si se lo habíamos encargado a usted, por favor, usted lo hubiera cuidado, ya veníamos por él, ya traíamos la ropa, ya llegábamos seguros de que íbamos a venir a encontrarlo". "No, pues como no estaba en calidad de detenido, se fue." "Pues, ¿cómo se fue?, y más en la condición que él venía, casi con puro bóxer, semidesnudo, a dónde se iba a ir, descalzo, sin zapatos, amarrado con cinta canela, las manos también. Venía mal, ¿por qué lo dejaron ir?" "Dicen que se hartó y se fue." "¿Se hartó?"

Alan se hartó. Según la reconstrucción del abogado Miguel Ángel Rosete, realizada gracias a las declaraciones de los policías que encontraron a Alan en una calle de la colonia 20 de Noviembre en Chilpancingo, hay muchas incongruencias del Ministerio Público. El abogado las llama mentiras. Lo que se puede demostrar es que Alan fue recibido en el Ministerio Público a las 14:10 horas, pero la primera acta, que testimonia su presencia, fue redactada a las 18:30, en tanto la segunda, a las 20:45, indica que Alan se retiró del lugar.

En su oficina de Cuernavaca, el abogado Miguel Ángel Rosete guarda copia de las constancias del MP de Chilpancingo del 26 de diciembre de 2011. En su relato es muy preciso y claro. Se apasiona cuando me enseña las constancias. Ambas son uno de los elementos más claros de la mala fe del Ministerio Público.

En esas dos constancias no aparece la firma de Alan, como debería ser. Y algo más sospechoso: en todas las constancias legales hay un código de barras en la parte inferior, una fecha del día en que se está elaborando la constancia, y algo más importante: la hora en que se celebra esa diligencia. Cada constancia cuenta con estos tres elementos de seguridad, un código de barras, una fecha y una hora. Y por casualidad las dos únicas constancias donde no aparece la hora es en donde el MP da fe de que se encuentra una persona para denunciar un ilícito, y la segunda, la comparecencia y la declaración ministerial de Alan. Es algo grave, es algo que nos indica que las constancias fueron elaboradas posteriormente.

En el Ministerio Público de Chilpancingo hay ocho cámaras de seguridad. Como debe ser en una oficina pública de ese tipo. Lo más normal, lo primero que se me ocurre preguntar al abogado, ingenuamente, es si fue posible ver las grabaciones, para tener una respuesta segura a lo que pasó en ese lugar el 26 de diciembre. Obviamente la familia Cerón presentó una solicitud oficial para revisar esos videos. La Procuraduría de Guerrero respondió que las cámaras de seguridad de video habían sido retiradas desde el 5 de noviembre por motivos de remodelación. Lo dice textualmente el oficio que le enviaron al señor José Alfredo Cerón. Entonces tampoco es posible averiguar cómo es que Alan se hartó y se fue. Las cámaras, casualmente, estaban fuera de servicio. Llevaban 51 días fuera de servicio. Todas.

El abogado Rosete me da una gran cantidad de información, me explica, reconstruye, me abre un camino para entender. José Alfredo nos observa en silencio desde una silla en la esquina del despacho de su defensor. Me acompañó aquí después de haberme enseñado su casa, de haberme abierto las puertas de su dolor y el de su esposa. Ahora escucha otra vez la historia de su hijo desaparecido.

Rosete, el abogado, ha colgado dos mapas en la pared anaranjada de su despacho. En el primero se puede apreciar la colonia Altavista de Cuernavaca y en el segundo parte de la ciudad de Chilpancingo. En pocos minutos vuelvo a recorrer esos pocos momentos de la vida de Alan, antes de que un grupo de sicarios, del que formaban parte dos policías de Chilpancingo, lo desapareciera. Luego el cuento se suspende. Alan desaparece entre las olas de la historia. Y de repente vuelve a aparecer, en otro mapa, en otro lugar, pero en la misma pared anaranjada. Sin cara, es sólo un nombre que nos vuelve a decir algo de sí.

Aquí es donde lo encuentran los policías municipales en la colonia 20 de Noviembre en Chilpancingo...

La voz del abogado, en su saco negro ligeramente grande sobre sus hombros, la cabeza completamente rasurada, la mirada directa, trata de darle sentido a la desaparición de Alan. Una llamada telefónica, *Estoy aquí, en el Ministerio Público.* Una esperanza. Un testimonio de un ser vivo, a salvo. Luego otra ola, mucho más grande, lo vuelve a desaparecer. Definitivamente. El abogado saca otros documentos. Me los enseña.

Esta página es un oficio que envían al director de la Policía Ministerial del estado de Guerrero, en donde solicitan investigación. Pero es una incongruencia enorme. Te explico: el Ministerio Público de Chilpancingo solicita una investigación aunque, según su dicho, Alan se fue, sin denunciar ningún hecho. Alan se hartó y se fue. Si así fue, así como lo declaran, pues entonces no había materia que investigar. Para qué mandan a investigar al día siguiente a la policía si Alan no había denunciado nada. ¿Para qué?

La pregunta se queda en el aire. Sin respuesta. José Alfredo ya está cerrado en sus pensamientos. Observa un punto indefinido en el piso, los brazos cruzados en el pecho.

Ésas son las dos constancias que nos hacen pensar que hay un ocultamiento de información, que hay un misterio y que hay un vínculo con el crimen organizado. Eso es lo que veo, que hay un vínculo con el crimen organizado.

Por fin el abogado lo dice. Pronuncia esas palabras que ya no suenan a retórica, sino que se apoyan en tantas irregularidades e incongruencias. Y una vez que esas palabras han salido de su boca se vuelven reales, toman forma, se hacen objetos voluminosos. Y lo llevan inevitablemente a pronunciar otras.

Nos hacen dudar sobre la relación que hay entre las autoridades de Guerrero y el crimen organizado. Una persona buscó auxilio en la autoridad y los de la propia autoridad lo volvieron a privar de su libertad. Consideramos que hay un indicio para decir que agentes del Ministerio Público, que policías municipales de Guerrero, reportaron a los captores de Alan para volverlo a entregar a sus secuestradores. Se salvó de ser frito para caer en el fuego.

Alan, en las oficinas del Ministerio Público, semidesnudo, en espera de la llegada de sus padres, se hartó y se fue.

- - - COMPARECENCIA Y DECLARACIÓN MINISTERIAL DEL AGRAVIADO, EL C. ALAN ISRAEL SERON MORENO.- SEGUIDAMENTE EL PERSONAL DE ACTUACIONES HACE CONSTAR QUE SE ENCUENTRA PRESENTE Y DE MANERA VOLUNTARIA EN EL INTERIOR DEL LOCAL QUE OCUPA ESTA OFICINA, LA PERSONA QUE EN SU ESTADO NORMAL DIJO LLAMARSE ALAN ISRAEL SERON MORENO, QUIEN EN ESTE ACTO SE NO SE IDENTIFICA POR NO CONTAR CON IDENTIFICACIÓN ALGUNA, ACTO SEGUIDO SE PROCEDE A PROTESTARLO EN TÉRMINOS DE LEY, PARA QUE SE CONDUZCA CON VERDAD EN TODO LO QUE VA A DECLARAR Y ADVERTIDO QUE FUE DE LAS PENAS EN QUE INCURREN LOS FALSOS DECLARANTES, OFRECIO NO MENTIR, POR SUS GENERALES DIJO.- LLAMARSE COMO ANTES QUEDO ESCRITO ALAN ISRAEL SERON MORENO, SER DE 20 AÑOS DE EDAD, ESTADO CIVIL SOLTERO, CON INSTRUCCIÓN SECUNDARIA, OCUPACIÓN MECÁNICO, DE RELIGION CATÓLICA, ORIGINARIO Y VECINO CUERNAVACA MORELOS, CON DOMICILIO EN AMADOR SALAZAR, COLINDA CON AVENIDA CENTRAL NUMERO 22, CUERNAVACA MORELOS, NUMERO DE TELEFONO 3131347 Y EXAMINADO COMO CORRESPONDE DECLARO - - - - - - - - - - - - -
- - - CONSTANCIA.- SEGUIDAMENTE Y EN LA MISMA FECHA EL PERSONAL DE ACTUACIONES HACE CONSTAR, QUE EL AGRAVIADO C. ALAN ISRAEL SERON MORENO, MANIFESTO QUE NO DESEABA RENDIR SU DECLARACION MINISTERIAL EN RELACIÓN A LOS HECHOS DE COMO FUE PRIVADO DE SU LIBERTAD PERSONAL, REFIRIENDO QUE MEJOR SE RETIRARÍA DE ESTA OFICINA, Y QUE SU DENUNCIA LA PRESENTARÍA EN UNA AGENCIA DEL MINISTERIO PUBLICO DE CUERNAVACA, MORELOS, POR QUE LOS HECHOS SE ORIGINARON EN AQUELLA CIUDAD, RETIRÁNDOSE DE LAS OFICINAS DE ESTA AGENCIA DEL MINISTERIO PUBLICO A MI CARGO, CUANDO SERIAN APROXIMADAMENTE LAS VEINTE HORAS CON CUARENTA MINUTOS, LO QUE SE HACE CONSTAR, PARA LOS EFECTOS LEGALES A QUE HAYA LUGAR. - CONSTE. - - -
- - - - - - - - - - - - - - SE CIERRA Y AUTORIZA LO ACTUADO. - - - - - - - - - - - - - - -

EL AGENTE DEL MINISTERIO PÚBLICO DEL FUERO COMÚN
DEL DISTRITO JUDICIAL DE LOS BRAVO

LIC. JUAN PADRON BAUTISTA

TESTIGO DE ASISTENCIA.   TESTIGO DE ASISTENCIA.

LIC. RENE CRUZ EVANGELISTA   C. CARMINA NAJERA ARAMBULA

26/12/2011

Constancia del Ministerio Público de Chilpancingo de los Bravo del 26 de diciembre de 2011, donde no aparece la firma de Alan Israel Cerón Moreno, en la que se declara que Alan se fue del Ministerio Público sin rendir su declaración ministerial. En la constancia falta también la hora en que se celebró esa diligencia.

II

Migrantes y Zetas

En México se ha vuelto imposible hablar acerca de los acontecimientos políticos y sociales de los últimos siete años sin toparse
con el tema de las desapariciones forzadas, aunque los medios
casi no lo mencionen o lo aborden de manera insuficiente. Pero
el asunto ha cobrado vida propia. Ahora son tantas las desapariciones forzadas que ya no sorprende la existencia del fenómeno, sino el silencio a su alrededor.

No soy mexicano, pero vivo y trabajo en México desde hace
años. He andado los caminos de este país, los caminos de la gente común, junto con las personas más normales, a veces con las
más marginadas. He hablado mucho y escuchado mucho más.
Así es mi trabajo: escuchar y luego contar historias, relatos,
experiencias, crónicas. Me he integrado a la realidad de este país
compartiendo la cotidianidad con mucha gente. Y me he dado
cuenta de que es literalmente imposible no enterarse de la magnitud de las desapariciones forzadas, una práctica ya tan evidente, tan común, tan multitudinaria. Es un peligro tan cercano
que toda la gente en este país, los mexicanos, o los extranjeros

que turistean o que como yo trabajan aquí, puede vivirlo como una espantosa pesadilla de la que muchos ya no despiertan.

Cada año miles de migrantes en tránsito por México, en su camino hacia los Estados Unidos, son víctimas de todo tipo de abusos por parte de las autoridades mexicanas (agentes del Instituto Nacional de Migración, policías federales, estatales, municipales, militares, funcionarios), así como de grupos del crimen organizado. Los migrantes son un negocio muy redituable para todos.

La Bestia

Son las tres de la mañana, alrededor de una mesa, en la oscuridad caliente y húmeda de una noche de finales de abril de 2010, en la casa del migrante Hermanos en el Camino, que permanece abierta las 24 horas del día en Ixtepec, estado de Oaxaca. La luna está ausente y las palabras se mezclan con el zumbido constante de los moscos en la tiniebla. La mesa en la que voy a dormir está ubicada en el espacio externo de la casa, frente a las oficinas. Frente a mí está el padre Alejandro Solalinde, responsable de la casa del migrante. Ya es un personaje público, pero todavía no se ha transformado en símbolo de la lucha en defensa de los derechos de los migrantes. Todavía no ha tenido que irse del país por las amenazas de muerte. Hablamos en voz baja, para no despertar a los huéspedes.

Llegué aquí, le he dicho, hace pocas horas, después de haber sido testigo directo de un operativo ilegal de la Policía Federal en contra de un grupo de migrantes en el municipio de Chahuites, uno de los primeros poblados que se encuentran en Oaxaca, viniendo por el sur, desde el estado de Chiapas. Viajaba junto con un colega periodista y un fotógrafo encima de *La Bestia*, el tren que transporta mercancía en sus vagones y migrantes latinoamericanos indocumentados en sus techos. Llegando en la noche al pequeño pueblo de Chahuites, desde arriba del tren vimos los primeros haces de luz y empezamos a escuchar gritos. Con el tren todavía en movimiento, un grupo de unos 30 agentes encapuchados, armados con M16, hizo bajar a los migrantes que viajaban con nosotros, amenazándolos con matarlos, o bien partirles la madre.

De los cerca de 400 migrantes centroamericanos que viajaban aquella noche en *La Bestia*, más de 100 fueron detenidos por los policías. En ausencia de oficiales del Instituto Nacional de Migración, los agentes maltrataron, golpearon e insultaron a los migrantes, obligándolos a acostarse boca abajo en el suelo, aplastados por las botas de los federales. Después de haberles robado todo el dinero, a algunos migrantes los liberaron y a otros los llevaron detenidos. Con un M16 apuntándonos a la cara, los agentes encapuchados nos obligaron a bajar del tren, para tratar de alejarnos del lugar en el que estaban llevando a cabo sus abusos rutinarios.

El padre Solalinde escucha con paciencia mi relato, después de haber oído los de algunos migrantes que lograron escapar del retén y llegaron al albergue a buscar refugio hace menos de una hora.

—Esto pasa muy seguido aquí —nos dice—. Tuvieron suerte, porque hay testimonios de desapariciones de grupos de migrantes por parte de la Policía Federal, ahí en Chahuites.

—¿Y qué hacen con ellos? —pregunto automáticamente.

—Los venden. A los grupos del crimen organizado. Y luego [éstos] piden un rescate a los familiares o amigos que están en Estados Unidos.

Cada migrante vale entre 2 000 y 5 000 dólares. Si la familia no paga, los matan, y llenan fosas comunes de cuerpos sin nombre. Desaparecidos. En agosto de 2010, en San Fernando, Tamaulipas, gracias al testimonio de un sobreviviente, la opinión pública se enteró de la brutalidad con la que los Zetas habían masacrado y enterrado en una fosa común clandestina a 72 migrantes, principalmente centroamericanos. Después de San Fernando se encontraron muchas otras fosas, y muchas más todavía no se conocen.

Lo que dice Solalinde me ayuda a reorganizar mis pensamientos, los cuentos que he escuchado en los últimos días viajando con tantos migrantes centroamericanos. En particular, recuerdo el de uno de ellos, que me ha contado su vida en una noche como ésta, poco antes de subir a *La Bestia*.

La Reina del Sur

—El silencio es lo que te da más miedo, está cargado de incertidumbre, de misterio. Es como la oscuridad, pero, como puedes ver, al mismo tiempo tienes la impresión de saber lo que te va a pasar. El silencio es la cosa que más temo, porque desde el silencio llegan los peores monstruos.

Daniel respira con calma, tomando lentos tragos de agua, saboreándola como si fuera una copa de buen vino. El puente a sus espaldas está vacío, es un arco al rojo vivo que se levanta sobre los rieles desiertos, en la vegetación. No pasan trenes por aquí, ya no, desde que en 2003 el huracán *Stan* destruyó buena parte de Centroamérica y esta región de Chiapas. Los rieles que salen de la ciudad fronteriza de Tapachula ahora sirven sólo de camino para los migrantes; ellos los usan para no perderse, para mantener la ruta y la esperanza de que esa vía de hierro los llevará a su destino, o por lo menos a algún lado, lo más lejos posible de su casa.

Daniel no ha llegado solo hasta aquí, de hecho es parte de un pequeño grupo que con sus gritos y su alegría se ha abierto camino en esta tarde de humedad y de silencio, que promete una noche llena de moscos silenciosos, que no te dejarán dormir, y de aire pegajoso.

Desde lejos los migrantes se veían como puntitos oscuros, ruidosos, que se preparaban para cruzar el último puente antes de descansar por la noche. Se acercaban cantando y contaminando el silencio con sus risas, su juventud, su fuerza vital. Desde allá no parecían capaces ni siquiera de cruzar ese puente enorme y perdido en medio de la selva en el sur del estado de Chiapas, a pocos kilómetros de Tapachula y su frontera con Guatemala y a demasiados kilómetros de los Estados Unidos. Pero con pasos de danza las figuras toman forma, y con un andar que recuerda el de unos extraños borrachos agraciados, se acercan a la mitad del puente. Al frente viene Daniel, avanza solitario con una pequeña mochila de Dragon Ball que le cuelga de un hombro, cantando *Maldita Primavera*, brincando los durmientes de los rieles y tratando de no ver el río que escurre oscuro 30 metros más abajo.

Desde atrás una voz grita: "¡Ya llegó La Reina del Sur, háganse a un lado!" Y Daniel, escuchando a su amigo, se pone a cantar más fuerte y a reír como una diva, con un imaginario vestido de teatro en lugar de los tenis rotos, los *jeans* sucios y un suéter pegado al cuerpo flaco, que dice "Penn State University". Los demás caminan más lentos, más cuidadosos de sus pasos inciertos, más preocupados por atravesar el puente sin romperse una pierna y no por lucir como estrellas de un espectáculo musical en vivo.

Los brazos al cielo y la mirada satisfecha, Daniel llega casi corriendo y lanzando un grito de júbilo. Antes de presentarse espera que sus compañeros lleguen también y recupera un poco de aliento después del esfuerzo.

—Llevamos caminando quién sabe cuántas horas —explica el joven, eufórico—, ya ni sé qué hora es o dónde estamos, puro caminar, casi se nos caen los pies. No íbamos a cruzar este puente, la verdad, pues los vimos a ustedes amontonados aquí, y de lejos pensamos que eran Zetas y nos esperaban para asaltarnos, pero luego vimos la camioneta anaranjada y esos muchachos vestidos como Betas, y nos animamos. Pregúntales a mis compañeros si no es cierto.

En efecto, al final del puente, dos camionetas del grupo Beta con sus agentes en el reconocible uniforme color naranja estaban esperando la llegada de algunos migrantes centroamericanos para ofrecerles un poco de comida, agua y la información general que ese grupo del Instituto Nacional de Migración debe dar a cualquier migrante que cruce su camino. Una media hora antes que Daniel y sus amigos habían llegado otros seis migrantes, tres salvadoreños, dos hondureños, un nicaragüense. Los compañeros de viaje de La Reina del Sur son cuatro jóvenes hondureños, como el mismo Daniel, de entre 18 y 23 años de edad. Dos muchachos, Raúl y Wilfred, y dos muchachas, Yolanda y Natalia, que parecen haber vivido mucho más de la edad que declaran.

Cansados de la caminata del día que se va haciendo noche, y que empezó a las seis de la mañana, los jóvenes toman asiento en un pequeño muro de contención cerca del gran puente rojo. Aceptan galletas, atún enlatado y agua de los agentes del grupo Beta. Comiendo esta modesta cena empiezan poco a poco a relajarse.

Los integrantes del grupo Beta tratan de convencerlos de que no vale la pena seguir, que el viaje es muy largo y los riesgos muy altos, pero saben que casi nadie está dispuesto a renunciar. Entonces se limitan a platicar con ellos, a darles consejos, advertencias. Es el atardecer del 12 de abril de 2010, los árboles de mango ofrecen sus frutos amarillos, dulces y abundantes a los que se aventuran por estos rumbos, y con las frutas acompañan la cena.

Un poco alejados del resto del grupo y de los Beta, que siguen platicando con los primeros que han llegado, los jóvenes del grupo de Daniel se apartan para comer. Wilfred toma la palabra, es flaco y chaparro, con cara de listo. No parece tener los 18 años que dice. Viene de un pueblo cerca de San Pedro Sula, en Honduras, y ha dejado a su familia para buscar fortuna en los Estados Unidos, como sus dos hermanos, su primo y sus tíos.

—La verdad no sabíamos si cruzar este puente. Es muy peligrosa la zona, pensábamos que aquí se acababa nuestro viaje. Está lleno de Zetas —dice.

—Ay, cállate, enano —lo interrumpe Daniel—; tú ni sabes qué cara tienen los Zetas. Para ti podrían ser cualquier cosa. Nomás conoces los pollos de tu casa.

—¿Y qué cara tienen los Zetas, entonces? —respinga Wilfred—. Tú que lo sabes todo, a ver, Reina del Sur, ¿cómo sabes qué cara tienen?

—Bueno —dice Daniel—, yo hablo porque me tocó ver ciertas cosas, no porque me las contaron. Conozco esta zona y también a la gente bonita que vive por acá. Me ha tocado tomarme unas vacaciones largas aquí y espero que nunca te toque a ti, flaco.

Ojeando la pequeña publicación que acaba de entregarle un miembro del grupo Beta, Daniel sonríe y empieza a recordar su experiencia, como si fuera a buscarla en un lugar tan remoto que casi se pierde en las profundidades del pasado.

—A mí nadie me avisó con un librito como éste de lo que me iba a pasar aquí, por estas tierras —me dice—. No es la prime-

A pocos metros de las vías del tren, muchos migrantes escriben sus nombres en este muro en Coatzacoalcos, Veracruz.

La caravana de madres centroamericanas que busca a sus hijos desaparecidos en su paso por Tequisquiapan, Querétaro.

Las fotografías son la principal arma para las familias que no desisten en su búsqueda.

En Coatzacoalcos, Veracruz, familias centroamericanas exigen justicia para sus seres queridos desaparecidos en territorio mexicano.

La fotografía de un hombre desparecido en las calles de Coatzacoalcos, Veracruz.

Un agente de la Policía Federal patrulla una colonia en las afueras de Ciudad Juárez, México.

Operativo en Tijuana de la Policía Federal Preventiva para combatir el tráfico de droga destinado a Estados Unidos, en 2010.

Una mujer recorre con la imagen de su hijo las vías del tren utilizado por los migrantes para viajar hacia el norte del país, en San Luis Potosí, México.

Muchas actividades comerciales se vieron interrumpidas por la crisis económica causada por la ola de violencia en Ciudad Juárez, México, 2010.

Durante la caravana de madres en busca de sus hijos desaparecidos en su tránsito por México, se colocaron fotos de las víctimas en un muro en Reynosa, Tamaulipas.

Zona destinada a cuerpos que no han sido identificados, en el Panteón Los Olivos, en las afueras de Tijuana, Baja California.

ra vez que veo estos paisajes. La primera vez fue hace dos años, en 2008. Salí de Honduras para alcanzar a mi hermano mayor, que se fue a Estados Unidos en 2005 y ahora vive en Oregon. Nunca llegué a verlo y ni siquiera me acerqué, porque mi viaje se acabó aquí cerca, en la zona que llaman La Arrocera.

La Arrocera es el nombre que comúnmente se le da a Aquiles Serdán, uno de los ejidos cafetaleros del municipio de Huixtla, comunidad a unos 45 kilómetros al norte de Tapachula. La vegetación densa, atravesada por caminos de extravío al pie del monte, ha sido uno de los elementos que han facilitado los asaltos a migrantes centroamericanos en esta zona del sur de Chiapas. Desde hace algunos años este pequeño ejido de unos seis kilómetros cuadrados se ha transformado en una de las pesadillas de los migrantes que intentan atravesar México para llegar a los Estados Unidos.

Después del huracán *Stan*, en 2003, la estación ferroviaria de Tapachula —de donde salía *La Bestia*, el tren de mercancías que se ha vuelto uno de los principales medios de transporte de los migrantes centro y sudamericanos que quieren atravesar México de sur a norte— dejó de funcionar y obligó a los migrantes a llegar a la pequeña ciudad de Arriaga, a unos 250 kilómetros de Tapachula, nuevo punto de partida del tren. Actualmente ya se ha restablecido la estación de la ciudad fronteriza, pero en 2010 llegar a Arriaga era la única opción.

Si eres un migrante indocumentado de Centroamérica, no hay muchas formas de llegar a Arriaga. Después de haber cruzado el río Suchiate, que separa Guatemala de Chiapas, se puede optar entre la vía "ecológica", es decir, caminar los 250 kilómetros a lo largo de los rieles del tren hasta Arriaga, o la vía "turística", agarrar una combi en el centro de Tapachula.

Sin embargo ambas opciones resultan ser "deportes extremos": en el caso de la vía ecológica hay que recorrer la distancia hasta Arriaga expuestos a cualquier tipo de asalto, a la intemperie, junto a los rieles del tren; es muy desgastante. En el caso de la vía turística, los migrantes tienen que evitar las casetas migratorias que están ubicadas a lo largo de la carretera. Tienen que bajar de la combi, rodear a pie la caseta para volver a agarrar la carretera y subirse en otra combi. Esto lo hacen cinco veces antes de llegar a Arriaga.

Y es justo a la altura de una de estas casetas de control migratorio donde existe el riesgo (más bien la certeza) de ser atrapados por los oficiales de migración y deportados, a la altura del Hueyate, a unos 45 kilómetros de Tapachula, en La Arrocera.

"Es zona de Zetas, no hay que arriesgarse", te dice la gente en Tapachula. En las casas del migrante, la noche antes de salir de viaje, se hacen cálculos, se tratan de prever los riesgos para elegir el mejor camino, y La Arrocera, se sabe, es zona de Zetas. Pero si quieres evitar la caseta del Hueyate tienes que pasar por ahí. Tienes que meterte por esos caminitos en medio de los plantíos de café. Allí te esperan los machetes de los Zetas, listos para quitarte todo lo que traes, incluso la vida. O para desaparecerte y pedir rescate a tu familia, si la tienes. Por ese lugar decidió pasar Daniel un día de primavera de 2008, considerando que ese riesgo era un mal necesario, dando prioridad a la prisa de llegar a su destino. En Tapachula agarró una combi, consciente de la necesidad de bajarse rápidamente en cada caseta y rodearla lo más rápido posible. Ese día viajaba con tres compañeros de su mismo pueblo y de su misma edad: 19 años, dos niñas y otro niño como él.

Cuando llegó a La Arrocera no pensó en nada, nomás se echó a correr, porque ahí están los malos, los lobos, ahí te agarran los Zetas y acaban contigo. En la penumbra de la tarde empezó a recorrer los caminos que se abren en la vegetación, junto con sus tres compañeros, esperando tener un poco de suerte.

—Pero ese día la suerte estaba ocupada en otros asuntos —cuenta Daniel recordando su experiencia—, o simplemente le caímos mal. Nos rodearon, eran seis personas, cuatro hombres y dos mujeres. Por lo que me acuerdo todos tenían un machete, que ya no les sirve para cortar plantas. Empezaron a gritarnos, a golpearnos y a amenazarnos de muerte. Yo ni pensé en escapar porque dije, aquí si me agarran de veras me hacen pedazos. Traté de quedarme quieto, esperando que se limitaran a robarnos todo lo que teníamos. Yo traía poco dinero, mi mochilita, unos zapatos, un poco de agua y unos condones. Me habían dicho que aquí violan a la gente, a los jóvenes, y por seguridad, para no agarrarme alguna enfermedad, traía un paquete de condones. Pero no me violaron ahí, no en ese momento. Fue después.

La zona de La Arrocera es conocida por los asaltos a migrantes en tránsito por parte de la población civil. Debido a la condición de indocumentados de la mayoría de los migrantes, flujos continuos de centroamericanos empezaron a caminar por esa zona para escapar de los agentes de migración. Ahí se han documentado también muchos casos de abusos y violaciones de derechos humanos por parte de las mismas autoridades, como denuncian desde hace años las organizaciones sociales que trabajan con los migrantes, y los sacerdotes como el padre Solalinde. Pero en el caso específico de La Arrocera, las autoridades locales empezaron a hablar de grupos de "criminalidad organizada" en el territorio.

Cada vez con más frecuencia empezó a escucharse el asombroso nombre de los Zetas, que provoca de inmediato una sensación de terror. Gracias a los testimonios de algunas víctimas de violaciones, se ha podido articular un poco el cuadro de la situación. En zonas como La Arrocera, o más allá en el camino, en municipios como el de Chahuites, son muchos los casos de simples ciudadanos, o familias enteras, que abusan de los migrantes, efectúan robos, secuestros y violaciones de cualquier tipo, y no necesariamente pertenecen a una organización criminal.

Y no es que los Zetas no estén presentes, sino que gracias que la gente les tiene pavor se ha creado un "sombrero" de impunidad, bajo el cual un gran número de ciudadanos comete crímenes tremendos contra los migrantes.

—Después de habernos golpeado —me sigue diciendo Daniel—, nos llevaron a una casa de seguridad, cerca de ahí. Durante tres días nos golpearon. A todos sin distinción. Nos pegaban con palos o con el machete. En las piernas, en las nalgas, en todo el cuerpo. También nos violaron. A todos, a las niñas durante más días, pero a nosotros también. Y cuando no había violencia, en los momentos de descanso, el silencio absoluto era lo que nos mataba, lo que nos dejaba en espera de la siguiente dosis de madrazos. El silencio de un lugar abandonado, solitario y olvidado. De noche escuchábamos los gritos de las violaciones de los demás, y las risas feroces de nuestros secuestradores. Sentir su carne sucia en tu cuerpo es lo más asqueroso, te penetra con maldad, con todo su odio de ser lo que es, porque tú también le das asco y te lo dice, pero sigue y sigue y sigue. Es la sensación de sucio, que no se lava, que sigue contigo después de meses. Es la humillación y la impotencia. Casi no hablaban con nosotros, nomás nos insultaban, nos amenazaban con cortarnos las manos y otras partes del cuerpo, y nos prometían que nos iban a entregar a los Zetas. Sólo entonces empecé a preguntarme con qué clase de gente habíamos caído, porque yo estaba seguro de que ellos eran los Zetas.

Después de la primera semana, Daniel, junto con sus compañeros, son trasladados a otro sitio, a una casa de seguridad en Tapachula, y una vez ahí son entregados a otros hombres, más organizados, más profesionales, pero no menos brutales. Desde aquel refugio son enviados a prostituirse en los burdeles de Tapachula. Continúan sometidos por medio de la violencia corporal, pero ahora las violaciones sexuales ocurren en formato de negocio, para que generen ganancias. Los nuevos secuestradores, ellos sí, es probable que pertenecieran a la delincuencia organizada.

—Los que nos agarraron en La Arrocera no eran Zetas —me asegura Daniel—. Eran una familia. Sólo se esconden tras el fantasma de los Zetas para seguir robando, secuestrando y violando a los migrantes, como hacen muchos en esa zona. Lo supe después, cuando ya estábamos de putas en Tapachula. Pero en La Arrocera los Zetas existen sólo para ser intocables. Son como una máscara, si te la pones le haces creer a todos que eres Zeta y nadie te molesta, y una familia que antes vivía del cultivo de café, ahora se dedica a asaltar y desaparecer a migrantes indefensos.

La verdadera tragedia, sin embargo, se consuma en la ciudad fronteriza.

—Es que en Tapachula sí puedes vivir el infierno. Es una ciudad que no tiene alma —sigue contando Daniel—, ahí nos tocó lo peor de la humanidad. Y nosotros, como muchos más, fuimos sus putas, durante meses. Sin esperanza, sin piedad.

Duró cuatro meses la experiencia de Daniel, cuatro meses en los que fue obligado a prostituirse todos los días, sufriendo golpes y amenazas de muerte por parte de sus secuestradores. Fueron meses de terror. Los otros miembros de su grupo vivían sus propios miedos, cada día pensando que podría ser el último, obligados a acostarse con cualquier tipo de hombre para pagarse la sobrevivencia. Esclavos sexuales en una ciudad repleta de gente en la misma situación.

Al principio Daniel ni soñó con escaparse, tanto era el miedo y la certeza de que lo habrían matado sólo de pensar en esa posibilidad. Durante semanas su voluntad se apagó y se volvió un cuerpo vacío, pura carne en espera de ser comida y digerida.

Su vida se había acabado en aquel campo de café en La Arrocera y lo que quedaba de él era un simple zombie, una criatura que deambula y hace cosas, pero que no puede decirse viva. Hasta que poco a poco pudo salir de esa inercia y recuperó lentamente su voluntad, su rabia, sus ganas de vivir. Y entonces trató de escapar.

—Intenté escaparme dos veces y la primera fue un fracaso absoluto. No había calculado la capacidad de mis secuestradores de localizarme, ni la violencia con la que me iban a castigar. Quise tomar una combi para irme hacia el norte, y ni pude salir de Tapachula, una camioneta interceptó la combi y me agarraron. Mi primer intento de fuga me costó una paliza tremenda y estaba seguro de que la próxima vez me matarían. A pesar de los golpes, a los pocos días volví a intentarlo, de noche, después de haber estado con un cliente me fui otra vez, pero esta vez directo a Guatemala, al río Suchiate. Lo crucé nadando y en Guatemala me puse en camino, en autobús, a pie, hasta que encontré un pasaje en un camión que iba a Honduras. Cuando llegué a mi casa, después de varios días de viaje, me enfermé por todo lo que me había pasado, y también a causa de los golpes que me habían dado, sobre todo las patadas en el hígado [que] al parecer me habían dañado bastante. Me quedé en casa de mi mamá, en mi cama, casi un mes sin salir, sin hablar con nadie de lo que me había pasado. Me daba pena, vergüenza, y me hacía sentir culpable aunque en realidad era yo la víctima. Cuando salí de Honduras tenía una especie de novio en Tegucigalpa, que además tenía planeado alcanzarme en Estados Unidos.

A él le conté que durante esos meses no había podido llegar a Estados Unidos, sino que había encontrado trabajo como *drag queen* en un antro en México, en el Distrito Federal, a donde por cierto nunca llegué, y que me había agarrado Migración, que me habían madreado y luego me habían deportado. Me creyó o fingió creerme, también porque conocía mi amor por la música y por estar en el centro del escenario. Nunca le pude contar la verdad. Le dije que mi nombre artístico en México era La Reina del Sur, porque venía de Honduras y que había tenido mucho éxito y que pronto regresaría. Pero durante los meses siguientes, cada vez que pensaba en regresar, el miedo y el terror me vencían siempre. Juré que nunca volvería a intentarlo.

Daniel respetó su promesa durante unos meses, hasta que a finales de junio de 2009, el golpe de Estado, liderado por Roberto Micheletti, tumbó al presidente Manuel Zelaya, entregando el país al ejército y a los grupos de poder más conservadores y provocando una crisis económica desastrosa.

—Después del golpe de Estado —continúa Daniel—, y no, mira, sobre todo después de que la comunidad internacional dejó de ocuparse de Honduras, el país se volvió un infierno. De veras, no había manera de sobrevivir honestamente, y Tegucigalpa se hizo un lugar invivible. Muchos de mis amigos, conocidos, parientes, dejaron sus tierras y decidieron irse a Estados Unidos, a intentar este tremendo viaje. Así fue que agarré valor, cogí mis pocos ahorros, y volví a ponerme en camino.

Wilfred se queda callado y sorprendido frente a la historia de su compañero de viaje. Los demás conviven a pocos metros de distancia con los agentes del grupo Beta, que también disfrutan la compañía. La oscuridad ya es total y se empiezan a escuchar los ruidos de la noche.

—Éste no es un buen lugar para quedarse a dormir —reflexiona Daniel—, pero por lo menos llegamos aquí, finalmente, y no tuvimos que pasar por La Arrocera; ésa era mi pesadilla. No es que ahora estemos a salvo, para nada, pero para mí ese lugar sigue siendo la imagen viva del infierno. Ahora tenemos los pies que gritan por las llagas de caminar en los rieles tanto tiempo, y quién sabe cómo llegaremos a Arriaga, pero estoy más tranquilo ahora. Tengo buena vibra.

La historia de Daniel, cuyo verdadero nombre ha sido cambiado en este relato, así como el de sus compañeros de viaje, es la historia de muchos migrantes que ni siquiera pueden contarla porque, si sobreviven, prefieren instalarse en los Estados Unidos y tratar de olvidar los horrores del viaje a través de México, si es que no desaparecen definitivamente sin dejar huellas. Es la historia que cuenta lo banal del mal, lo común que se ha vuelto en México dejar de ser campesino para convertirse en torturador, aprovechando el paraguas que la fama de los Zetas ofrece en términos de impunidad y terror. Ésta es una nueva forma de aplicar la Ley de Herodes, gracias al miedo colectivo, a la indiferencia de las autoridades, a la vulnerabilidad de las víctimas.

—Yo creía —confiesa Daniel— que México era un país hermano, un lugar diferente de los Estados Unidos, donde a los hermanos latinos nos tratarían con amistad. Desafortunadamente mi experiencia me abrió los ojos, me quitó la ingenuidad, me hizo entender que el mal, como el bien, está en todos lados, y que los monstruos son las personas comunes.

Después de una noche completa sin descansar en los rieles del tren, cerca del gran puente rojo, al pequeño grupo se han añadido elementos recién llegados y todos están listos para seguir caminando. Daniel ha recuperado su buen humor y su natural predisposición al espectáculo, haciendo bromas a sus compañeros y retomando el centro del escenario. Está despierto desde antes del amanecer, esperando el día al borde del pequeño río que pasa por aquí. A pesar de los chistes y las sonrisas que regala a los demás, se nota que el dolor de recordar su pesadilla no lo ha dejado, y que volverá a presentarse en cualquier momento, durante el resto de su vida.

—Esta vez siento que no nos va a pasar nada —afirma sonriendo con ironía al momento de la despedida—. Ya le he pagado lo suficiente a este lugar y a esta gente como para garantizarme el derecho de paso.

El gran puente rojo queda detrás del grupo de sombras que, sin esperar a que el sol se levante, se pone en camino hacia el norte, tratando de hacerse invisible, no sólo a los medios de comunicación y a la opinión pública, sino también a los Zetas y a sus fantasmas. Con su mirada triste iluminada por una sonrisa contagiosa, Daniel se despide. Su proyecto es cruzar finalmente la frontera de los Estados Unidos y convertirse en estrella de un musical de Broadway: "Eso es lo que merezco y lo que voy a hacer. Y cuando allá también me conozcan como *La Reina del Sur*, sabré que pude ganarle mi apuesta a la vida".

III

Desaparición forzada: una tradición mexicana

La carretera México-Acapulco empieza con una serie de amplias curvas. Saliendo del Distrito Federal pasa por bosques de coníferas y montañas frescas a más de 3 000 metros de altura. Luego de la bajada se inserta en las llanuras calurosas de Morelos. Millones de personas viajan por esta ruta, pero ahora no hay casi nadie. Son las 3:30 de la mañana y voy en un coche alquilado rumbo al estado de Guerrero.

La primera parada será Chilpancingo, la capital del estado. Quiero ver la ciudad donde desapareció por segunda vez Alan Israel Cerón Moreno. Las calles donde dos policías municipales lo encontraron, atado de manos y pies, en calzones, mojado, golpeado. Esos policías que luego lo llevaron a las oficinas del Ministerio Público el 26 de diciembre de 2011. De ahí voy a seguir casi hasta Acapulco, para desviarme hacia Zihuatanejo y llegar al municipio de Atoyac de Álvarez, el "pueblo de los desaparecidos".

Cuando me detengo en Chilpancingo son las ocho de la mañana. Me dirijo a la colonia 20 de Noviembre, en la parte sur de la ciudad, cerca de la carretera federal 95, la Chilpancingo-Iguala. En las semanas anteriores a mi viaje he tratado varias veces de ponerme en contacto con la Secretaría de Seguridad Pública de Guerrero (SSPG), para entrevistar a su titular, el licenciado Guillermo Jiménez Padilla, sobre el caso de Alan Cerón. En ninguna ocasión ha sido posible comunicarme con él, porque nunca está en su oficina y sus asistentes, además de negarse a dar cualquier tipo de información, a pesar de que son empleados de una oficina pública, al final me han confirmado que su jefe no tiene horarios, que es imposible hablar con él por teléfono. Yo les dije que era periodista y buscaba información sobre las desapariciones forzadas en el estado de Guerrero, especialmente sobre la de Alan Cerón.

Aunque han pasado muchos meses desde que Alan fue desaparecido, no he obtenido ningún tipo de respuesta por parte de las instituciones. En la SSPG tal vez ya saben que estoy pasando por Chilpancingo justo hoy y que estoy interesado en el caso del joven de Cuernavaca, pero eso no me sirve de nada. La colonia 20 de Noviembre queda bastante retirada del centro, no circulan muchos vehículos por ahí y se podría definir como una zona aislada. Unas horas después de mi llegada me encuentro con un amigo que lleva años trabajando con diferentes ONG de familiares de desaparecidos en Guerrero. Prefiere que no se conozca su nombre. Es un domingo al mediodía, el calor es húmedo e intenso.

Dejo el coche a unas calles de distancia de donde supuestamente se encuentra la casa de seguridad donde estuvo detenido

Alan. La calle está desierta, no se ven personas ni carros transitando. Con la cámara encendida me acerco a la esquina de las calles General Francisco Villa y General Rómulo Figueroa. Las declaraciones de los policías municipales Juan Sánchez Santana y Leobardo Damián Jiménez indican que a pocos metros de esta esquina encontraron a Alan Cerón el 26 de diciembre junto con una muchacha. Ambos, aterrorizados, estaban atados con cinta canela. Cuando llego a esa esquina, trato de imaginar la escena, de visualizarla. Un joven robusto, casi desnudo, atado de manos y pies, tratando de brincar. No pudo haber caminado mucho desde el lugar donde lo tuvieron secuestrado.

Hoy ando con suerte. Antes de avanzar más, logro darme cuenta de la presencia de una camioneta de la Policía Ministerial de Guerrero estacionada frente a una casa, a unos 50 metros de donde estoy. Tres policías en uniforme están afuera de la casa privada. Están sentados. Están esperando algo o alguien. Sin ninguna razón aparente, tres policías ministeriales, un domingo al mediodía, se encuentran frente a la que con toda probabilidad es la casa de seguridad donde alguien retuvo ilegalmente a un joven desaparecido. ¿Sabrán que un periodista está buscando información sobre ese caso?

Mi acompañante considera la situación bastante riesgosa como para ir a la casa de seguridad y empezar a hacer preguntas. Además los policías nos vieron y se están acercando. Optamos por una retirada estratégica y nos alejamos con cierta rapidez, hasta llegar al coche alquilado, que dejamos estacionado a una cuadra de ahí, para subirnos y abandonar esta zona de inmediato.

* * *

El estado de Guerrero es el lugar más apropiado para entender la tradición de desapariciones forzadas en México, una práctica que el Estado mexicano lleva más de 40 años utilizando para controlar a la población civil y reprimir las luchas sociales.

La Sierra de Guerrero es famosa por sus movimientos populares, especialmente por las guerrillas que hace cuatro décadas desafiaron al Estado mexicano, y al que durante 70 años fue el partido del gobierno, el Partido Revolucionario Institucional, el PRI.

Aquí la desaparición forzada de personas se convirtió históricamente en una de las herramientas represivas más devastadoras contra la población civil. La exuberante región ha sido el escenario de un conflicto que erróneamente es conocido como guerra sucia. Una guerra, por definición, es una lucha armada entre naciones, cuyos ejércitos se enfrentan en representación de dos o más estados. Lo que pasó en Guerrero entre finales de los sesenta y mediados de los noventa no fue una guerra. Había un ejército, el ejército mexicano, que enfrentaba movimientos armados guerrilleros y atacaba masivamente a la población civil desarmada.

Los movimientos armados, como el grupo Asociación Cívica Nacional Revolucionaria, de Genaro Vázquez Rojas, y el Partido de los Pobres, de Lucio Cabañas Barrientos, representaron un desafío muy grande para el Estado mexicano, cuya respuesta fue una represión brutal, aplicada sistemáticamente con la finalidad de exterminar a los que se volvieron una amenaza para el régimen del PRI.

La historia de Guerrero de los últimos 50 años se entrelaza indisolublemente con la figura de Lucio Cabañas y de su movimiento guerrillero, para bien y para mal, incluso después de la muerte del caudillo, en 1974. Por esta razón decido ir a conocer el municipio con más desaparecidos del país: Atoyac de Álvarez.

A lo largo del camino parece que la militarización no ha terminado, son muchos los retenes del ejército en la carretera. La gente se queja de esta forma de control porque al parecer no evita la presencia masiva de grupos fuertemente armados, que son los verdaderos dueños de la zona. Una señora, en la localidad situada sobre el kilómetro número 30 y llamada así, El Treinta, pregunta cómo es posible que en esta carretera haya dos retenes militares que interceptan la entrada y salida de todos los vehículos, revisan cajuelas, mochilas y canastas de los ciudadanos comunes, pero dejan pasar camionetas repletas de hombres con armas largas, de encapuchados que asaltan a la población civil. La señora me advierte que no le tengo que decir a nadie lo que me está contando.

Llegando a Atoyac lo primero que busco es la estatua de Lucio Cabañas en una plaza pública. El monumento de bronce representa la figura del guerrillero con la mirada fija en el horizonte y un fusil en las manos, en posición de descanso. Una placa dice: "Nuestra misión es hacer la revolución, que será socialista. ¡Comandante, contigo está sembrada la esperanza del futuro!"

En un comedor del centro del pueblo hay fotografías del maestro que tomó las armas. La dueña del restaurante está orgullosa de sus fotos. "No me da pena exponerlas. Yo soy una de las que creen que él no fue la causa de tanta violencia por parte del ejército, sino al contrario, que el ejército nos aplastó y quiso hacer pasar a Lucio como bandido, cuando lo único que hacía era tratar de defender a su gente."

A diferencia de la señora del restaurante, muchos piensan que fue por los movimientos guerrilleros que llegó la represión. Y en Atoyac te dicen que cada familia tiene por lo menos un pariente, un conocido, un amigo que desapareció "en aquellos tiempos".

"Aquellos tiempos" empiezan desde finales de la década de los sesenta. México vivía las contradicciones de un crecimiento económico y de un cambio radical de la economía sin precedentes. Cuando en el país se despertaba una conciencia política y, junto con el nacimiento de una nueva clase media urbana, tomaba forma un rechazo siempre mayor al autoritarismo opresivo del PRI y su burocracia.

Lucio Cabañas Barrientos era un maestro de una zona rural extremadamente pobre. Desde muy joven, cuando salió de la Escuela Normal Rural de Ayotzinapa, ubicada entre Chilpancingo y la región de La Montaña, Cabañas ya era miembro de la juventud del Partido Comunista Mexicano, pero el acercamiento a la Asociación Cívica Guerrerense (ACG) de su ex compañero de estudios, el también profesor Genaro Vázquez Rojas, determinó su camino de participación ciudadana y de lucha social.

El rasgo distintivo de Lucio era su compromiso con los problemas y las demandas de las comunidades rurales a las que se incorporaba. De ahí nace su prestigio como maestro y, sobre todo, como representante de la gente. El respeto que se gana entre la población lo convierte en un peligro para los caciques del PRI que dominan el estado de Guerrero desde siempre. Solidario con los movimientos sociales, en los que se involucra a fondo, para dar voz a los campesinos que hasta entonces no habían encontrado ningún tipo de representantes, se volvió el defensor de los oprimidos, los olvidados y los excluidos, que en la Sierra de Guerrero son la mayoría de la población.

Lucio Cabañas luchó para proteger los bosques y contra las compañías madereras que explotaban el territorio, talando sin ningún cuidado y acabando con los recursos de la zona. Su guerrilla nacía de la necesidad de los campesinos de obtener unos precios más justos para sus productos agrícolas, como el café o el coco. También se comprometió, como profesor rural, a combatir la corrupción en el sindicato del magisterio y rechazar el autoritarismo violento de las instituciones.

En abril de 1967, su compañero, el maestro Alberto Martínez Santiago, fue removido de la escuela Juan N. Álvarez, de Atoyac, probablemente porque tenía una visión demasiado "progresista", y fue reubicado en el cercano pueblo de Coyuca de Benítez. En protesta por esta decisión arbitraria, se constituyó el Frente de Defensores de la Escuela Juan Álvarez, un movimiento de padres y profesores, apoyado por la ACG y por otras organizaciones sociales, que pedía una negociación y la resolución de este conflicto. En ese movimiento participó de forma muy activa Lucio Cabañas, que ya era un líder campesino y sindical bien conocido por el gobierno.

El Frente convocó una asamblea en la plaza central de Atoyac de Álvarez para el día 18 de mayo de 1967. Ante 2 500 personas ahí reunidas, el gobierno estatal ordenó a los agentes de la Policía Judicial, colocados alrededor de la plaza, que abrieran fuego sobre los asistentes al mitin. Hay testimonios de personas que recuerdan que los policías dispararon desde las azoteas de las casas vecinas. Hoy, aparte de la estatua de Lucio Cabañas, no hay otros símbolos visibles que hagan referencia al movimiento guerrillero de aquellos años. Pero los más ancianos todavía recuerdan cómo Lucio tuvo que escapar de aquella matanza para irse a la clandestinidad. Y cómo, en los años siguientes, visitó las comunidades de la Sierra Madre del Sur, para invitar a los campesinos a sumarse a las filas del Partido de los Pobres y pasar a la lucha armada. Por eso, desde 1968, el régimen emprende su primera ofensiva contrainsurgente en respuesta a las movilizaciones guerrilleras del Partido de los Pobres. El 14 de noviembre de 1968, el ejército mexicano moviliza las fuerzas conjuntas de la XXVII y XXXV zonas militares, para concentrarlas en los poblados de Santo Domingo, Campoamor y Puerto Gallo, ubicados en los municipios de Atoyac y Tlacotepec.

Las tropas y sus oficiales aplicaron al pie de la letra el manual de la guerra de baja intensidad, diseñado por los estrategas del ejército de los Estados Unidos para diezmar a las fuerzas de Ho Chi Minh en Vietnam, y de ese modo comenzaron las desapariciones forzadas en Guerrero. Los soldados mexicanos secuestraban y torturaban a la población civil para obtener información sobre los lugares donde se reunían los guerrilleros. Aplicaban la técnica que llegó a conocerse como la de "quitarle agua al pez".

En 1974, el Partido de los Pobres decidió secuestrar a un representante importante de la familia de caciques más poderosa del estado, el senador Rubén Figueroa Figueroa, candidato a gobernador de Guerrero por el PRI. La cacería que emprendió el gobierno federal para localizarlo fue tremenda e involucró a más de 25 000 soldados, movilizados para atrapar al bandido, al guerrillero, al terrorista Lucio Cabañas.

Son los años de gobierno de Luis Echeverría Álvarez, que ya desde 1964 se había destacado como secretario de Gobernación durante el sexenio de Gustavo Díaz Ordaz, autor de la matanza de cientos de estudiantes el 2 de octubre de 1968 en la Plaza de las Tres Culturas en Tlatelolco. En medio de las negociaciones que Lucio Cabañas sostiene con el gobierno de Echeverría, gracias a la mediación del obispo de Cuernavaca, Sergio Méndez Arceo, las desapariciones forzadas en Atoyac y en todo el estado de Guerrero se multiplican. Los soldados torturan a sus compatriotas, tan pobres como ellos; abundan las ejecuciones extrajudiciales de familiares, amigos, parientes, conocidos o vecinos de los reales o supuestos guerrilleros. Cada acto represivo, por lo general, culmina con nuevas desapariciones forzadas.

En ese contexto histórico, en 1974, se lleva a cabo la desaparición forzada de Rosendo Radilla Pacheco en el municipio de Atoyac de Álvarez. Rosendo era un caficultor que participó activamente en la Unidad Agraria de la Sierra Cafetalera de Atoyac de Álvarez. Fue líder campesino, estuvo involucrado en las luchas sociales de su territorio; de 1956 a 1960 fue secretario general del Comité Regional Campesino y luego formó parte de la Liga Agraria Revolucionaria del Sur Emiliano Zapata, de la cual fue uno de los fundadores en 1965. Todavía es recordado como un hombre "honesto y trabajador", ya que fue el único presidente municipal de Atoyac que salió de su cargo más pobre de como había entrado. Durante el año que fue presidente municipal, de 1955 a 1956, se construyó el que luego sería el cuartel militar donde durante el conflicto entre militares y guerrilla serían detenidos, torturados, desaparecidos y en muchos casos asesinados cientos de ciudadanos.

Rosendo conoció a Lucio Cabañas personalmente, y escribió corridos que hablaban de las injusticias sociales que se vivían en Guerrero, de los movimientos campesinos, de los guerrilleros. El ejército mexicano lo secuestró el 25 de agosto de 1974 y desde entonces hasta la fecha sigue desaparecido.

Su hijo, Rosendo Radilla Martínez, estaba presente en el momento en que su padre fue secuestrado. Tenía 11 años cuando los soldados se lo llevaron.

—En la época en la que desaparecieron a mi padre —me dice—, en Atoyac aterrizaban los helicópteros en las calles, había tanquetas. El ejército patrullaba las calles y a las diez de la noche se daba un toque de queda y ya no podía salir la población. Sólo los militares eran dueños de las calles. Se escuchaban sus armas, era terrible sobre todo para mí que era un niño

—su voz se hace más baja y se rompe cuando evoca la última noche que todos los miembros de su familia pasaron juntos—. Mi padre —recuerda— nos había llevado a Chilpancingo en 1973, a mis hermanos y mi mamá, porque en Atoyac decía que era demasiado peligroso vivir, que el ejército se estaba llevando a mucha gente. Pero venía a visitarnos y a dejarle dinero a mi madre. Él se había quedado en Atoyac porque era campesino y no quería dejar la tierra, que era todo lo que teníamos. Aquella noche de agosto que vino a visitarnos yo no me dormí y en la madrugada lo escuché decirle a mi madre: "Victoria, la represión está muy dura. Están deteniendo a mucha gente en Atoyac". Y ella le contestó: "Rosendo, ya no vayas". Pero él le dijo: "Yo tengo que ir. Ahí están mis cosas, mi huerta. Esto es muy difícil, Victoria. Está muy duro. Tal vez ésta sea la última vez que te vea". Al otro día yo me puse a llorar, "yo voy contigo, yo voy contigo", le decía. Mi argumento fue que estábamos de vacaciones. Y me puse necio hasta que me llevó. Por esto estuve en ese momento con él. Si no, realmente no hubiéramos sabido qué fue de él. Yo soy testigo de que el ejército mexicano se lo llevó.

Rosendo se da una pequeña pausa para recordar los detalles. Han pasado 38 años, una vida entera, y todavía no se ha tranquilizado. Se emociona pensando en los últimos momentos que compartió con su papá. De repente ya no puede hablar, pero se concentra y, con gran esfuerzo, sigue su relato.

—Veníamos en un camión de la Flecha Roja, que en ese tiempo circulaba por aquí. En un retén, en la colonia Cuauhtémoc de Atoyac, detenían a los autobuses y bajaban a todas las personas y registraban sus maletas y les pedían sus nombres. Ya cuando nos íbamos a subir de regreso al camión, ya a mi papá no lo dejaron subir. Le dijo mi papá al militar: "¿Y por qué yo no puedo subir?" Y el soldado le contestó: "No, pues tú estás detenido". Dijo mi padre: "¿Y de qué se me acusa?" Y el otro le contestó: "Tú compones corridos". "Pero eso no es delito", le dice mi papá. Y el soldado le contestó: "Sí, pero mientras ya te chingaste". Así desapareció. Y nosotros hemos pasado la vida esperándolo. Mi madre murió esperándolo y nunca llegó. Ella decía: "Rosendo va a entrar por esa puerta". Y nunca regresó. Yo mejor lo que hice fue ponerme sus camisas y sus pantalones cuando estuve más grande, porque mi mamá los seguía lavando.

Antes de ser capturado por los militares, Rosendo le dio un poco de dinero a su hijo para que se regresara a Atoyac y avisara de su detención. Gracias al testimonio del segundo Rosendo Radilla hoy se sabe cómo desapareció su padre, quién se lo llevó y por qué. Y gracias a su testimonio se pudo llevar adelante el juicio de desaparición forzada en contra del Estado mexicano, en la Corte Interamericana de Derechos Humanos, que el 23 de noviembre de 2009 emitió una sentencia condenatoria por la desaparición forzada de Rosendo Radilla Pacheco.

Según el texto de la sentencia, el Estado es responsable de la violación de los derechos a la libertad personal, a la integridad personal, al reconocimiento de la personalidad jurídica y a la vida de Rosendo Radilla Pacheco, faltando con esto a su obligación de respetar y garantizar estos derechos, contenidos en la Convención Americana sobre Derechos Humanos así como en la Convención Interamericana sobre Desaparición Forzada de Personas.

De la misma forma, condenó al Estado mexicano por la violación de los derechos a la integridad personal, a las garantías judiciales y a la protección judicial, de Tita, Andrea y Rosendo, todos de apellidos Radilla Martínez. Sus hijos. La Corte también determinó que hubo incumplimiento por parte del Estado en su deber de adoptar disposiciones de derecho interno, respecto de la tipificación del delito de desaparición forzada de personas, que tuviera en cuenta su gravedad. Sin embargo, al día de hoy, este delito sigue sin tipificarse en el estado de Guerrero.

La Corte consideró que el proceso llevado ante la jurisdicción militar no se atiene a los estándares en materia de debido proceso en el derecho internacional. La condena al Estado mexicano se puede resumir en las siguientes obligaciones ineludibles: investigar, sancionar a los culpables, dar con el paradero de Rosendo Radilla Pacheco, dar atención psicológica gratuita a sus familiares y pagar indemnizaciones por el daño material e inmaterial sufrido por las víctimas. Además, la Corte recomendó al Estado mexicano hacer reformas legislativas y cambiar los criterios jurisdiccionales en los temas que tienen que ver con la extensión del fuero militar a delitos cometidos por elementos castrenses en agravio de los derechos humanos de civiles, y sostuvo que es deber del Estado garantizar recursos legales efectivos para las víctimas (en este caso, los familiares del desaparecido).

El día de su desaparición, Rosendo Radilla Pacheco llevaba más de 10 años siendo observado por la Dirección Federal de Seguridad (DFS) debido a su activismo político. Su desaparición forzada, en 1974, fue la conclusión de un largo periodo de vigilancia por parte del Estado mexicano. Este dato se comprueba en un expediente que lleva la fecha del 26 de septiembre de 1965, citado en la sentencia de la Corte Interamericana de los Derechos Humanos. En ese documento de la DFS se hace referencia a la participación de Radilla en el "acto inaugural del Congreso Campesino Extraordinario de la Liga Agraria Revolucionaria del Sur Emiliano Zapata y [en el] de la CCI [o Central Campesina Independiente]".

En otro documento oficial se señala que

el 17 de febrero de 1962, asistió a la firma de la Convocatoria del Comité Cívico Guerrerense del que es miembro y en el que se invitaba al pueblo en general, a un mitin que se realizaría en Boca de Arroyo, municipio de Atoyac de Álvarez, Guerrero. Posteriormente, el 23 de junio del mismo año, firmó un manifiesto de la Asociación Cívica Guerrerense, en la que también militaba. En dicho documento se trataba de orientar a la opinión pública, para que no eligiera malos gobernantes, evocando la época del general Raúl Caballero Aburto e invitaban a la Convención Estatal de la Asociación de referencia a celebrar en Acapulco, Guerrero. [...] De las 13:45 a las 17:10 horas del 26 de septiembre de 1965, Radilla Pacheco presidió el acto inaugural del Congreso campesino de la Liga Agraria Revolucionaria del Sur Emiliano Zapata y de la CCI efectuándose la reunión en la ex Plaza de Toros de Iguala, Guerrero [...] .

La persecución de su padre sigue siendo un trauma para Rosendo, que a 38 años de distancia está tratando de superar esta tragedia mediante la ayuda de una terapia. Su hermana Tita está llevando adelante el proceso en contra del Estado mexicano, ayudada por la Comisión Mexicana de Defensa y Promoción de los Derechos Humanos (CMDPDH), que presentó el caso Radilla ante la Corte Interamericana.

Con Tita Radilla me reuní en Atoyac, en lo que era el cuartel militar al que eran trasladados cientos de detenidos desaparecidos, torturados, y donde muy probablemente fueron asesinados muchos de ellos. En una parte del ex cuartel están ahora las oficinas del municipio de Atoyac; una pequeña construcción fue cedida a la Asociación de Familiares de Detenidos Desaparecidos y Víctimas de Violaciones a los Derechos Humanos en México (Afadem), de la que Tita Radilla es vicepresidenta. Es impactante pensar que en estos mismos espacios, donde hace 40 años martirizaban a los detenidos políticos, ahora trabajan sus familiares que siguen buscándolos.

—Luchamos mucho para que nos dieran esta oficina, queríamos que fuera aquí. No hay que olvidar el pasado. Nuestra presencia aquí es el testimonio constante de esta monstruosidad —me explica Tita, caminando hacia otra parte del ex cuartel militar, que está abandonado y donde, gracias al clima tropical de la zona, han crecido plantas exuberantes, hasta transformarla en un jardín salvaje.

Se pueden reconocer todavía los restos de los edificios castrenses entre las enormes hojas verdes y los vetustos árboles. Sigue siendo un lugar lúgubre y el silencio no tranquiliza, más bien agudiza la tensión. Hasta aquí me trae Tita Radilla para contarme la historia de su papá, para que vea el sitio donde durante años se cometieron delitos abominables, para que respire el aire asombroso de este lugar.

Los viejos muros abandonados aparecen de repente entre la vegetación como aletas de tiburón en medio de las olas. Se intuyen estructuras que ya no existen, se imaginan torturas, interrogatorios, gritos desesperados. El silencio es interrumpido sólo por el canto de las cigarras. Tita recuerda los años que duró la lucha para que se hiciera justicia. Y sus palabras de condena se dirigen principalmente al ex presidente Luis Echeverría.

—Echeverría no podía no saber. Simplemente es imposible que el presidente, el comandante en jefe de las Fuerzas Armadas, no supiera lo que hacían 25 000 militares que atacaban a la población civil en Guerrero. Es una responsabilidad enorme que todavía no se ha asumido.

El "caso Radilla" —como se le conoce ahora en el mundo jurídico y de defensa de los derechos humanos— es fundamental para entender el fenómeno de las desapariciones forzadas actuales: es un ejemplo emblemático de lo que pasó en cientos de casos, sobre todo porque la sentencia de la Corte Interamericana de los Derechos Humanos sentó un precedente histórico. Se trata de la primera vez que el Estado mexicano ha sido condenado por un organismo internacional tan importante y declarado culpable de la desaparición forzada de un ciudadano por parte del ejército.

A partir de entonces, las normas del derecho mexicano deben equipararse con los estándares internacionales en temas como el alcance del fuero militar y las obligaciones del Estado frente a una desaparición forzada. La importancia del caso aumenta cuando vemos que también estableció un antecedente en la legislación interamericana y en la búsqueda de las personas desaparecidas durante la llamada guerra sucia. En particular, la Suprema Corte de Justicia de la Nación (SCJN) consideró que a ella también la obligaba la sentencia de la Corte Interamericana sobre el caso Radilla, porque sentó una base jurisprudencial a partir de la cual los militares deben ser juzgados en tribunales civiles justamente cuando sean acusados de violar los derechos humanos de civiles. Además, determinó que todos los jueces mexicanos están obligados a respetar las convenciones internacionales firmadas por México, y las sentencias de la Corte Interamericana en que México sea parte involucrada, y a propósito del caso Radilla, la SCJN aseguró que en tanto el Poder Legislativo no restrinja el fuero militar, declarará inconstitucional el artículo 57 del Código de Justicia Militar, que se refiere a los casos de delito contra la disciplina militar.

El Estado mexicano todavía no ha cumplido con las recomendaciones de la Corte Interamericana y, a pesar de las decisiones de la SCJN, los familiares de Rosendo Radilla siguen esperando.

La represión hacia los movimientos sociales en Guerrero ha continuado también después de la guerra sucia. Durante el sexenio de Ernesto Zedillo, el 28 de junio de 1995, un grupo de campesinos, miembros de la Organización Campesina de la Sierra Sur, que salía de Coyuca de Benítez hacia un evento en Atoyac de Álvarez, fue atacado en la localidad de Aguas

Blancas por policías estatales que les dispararon. Fueron 17 los campesinos que perdieron la vida ese día, en lo que se conoce como la matanza de Aguas Blancas. El responsable de la matanza, el entonces gobernador del estado de Guerrero, que planeó el asalto y envió a los policías, es Rubén Figueroa Alcocer, hijo de Rubén Figueroa Figueroa, secuestrado el 30 de mayo de 1974 por Lucio Cabañas.

Tita Radilla ha llevado a cabo una lucha constante, que finalmente ha significado una referencia importante para todos los familiares de desaparecidos. Le ha costado una vida entera, dedicada a la búsqueda de justicia.

De regreso del ex cuartel militar, en la oscuridad del atardecer, pienso en un pueblo militarizado, aterrorizado, y familias en espera de que regrese una persona desaparecida por el ejército. Pienso en las palabras de doña Sylviana, una señora a cuyo esposo también se lo llevaron los militares en 1974 en la sierra, frente a sus hijos. Con su cara dulce, Sylviana aún piensa en Tomás, 38 años después de su desaparición: "He pasado la vida esperando verlo entrar por esa puerta. Durante mucho tiempo cualquier ruido me hacía brincar. Pensaba que era él. Pero ya me hice vieja y nunca regresó. No se han tragado sólo su vida. Se han llevado también la mía. La vida ha pasado, me hice vieja esperando. ¿Y qué es lo que queda?"

Dejo la tierra roja y la vegetación exuberante de Atoyac, después de haber tratado de entrar en un lugar especial, donde la gente ha vivido durante años intentando elaborar un duelo sin lograrlo. Regreso a la carretera que me llevará al Distrito Federal, por el camino que recorren toneladas de droga que desde el sur del país llegan a la capital mexicana, pasando por Chilpancingo y por Cuernavaca. Porque la sierra de Guerrero, hoy por hoy, es uno de los lugares más importantes en la producción de mariguana, y el segundo en la producción de amapola en México, cultivos que en los últimos años han ido sustituyendo poco a poco los tradicionales plantíos de café, orgullo y símbolo de la zona.

En un proceso que recuerda mucho a la sustitución de cultivos en Colombia y Bolivia —donde durante décadas los campesinos se han visto casi obligados a sembrar coca—, para los agricultores de la sierra de Guerrero ya no resulta tan conveniente el café. Sin embargo, contrario a lo que podría pensarse, el dinero que les dejan los enervantes es muy poca cosa. No son los campesinos quienes se quedan con las grandes ganancias. En muchos casos son forzados a abandonar los cultivos tradicionales y a plantar amapola, necesaria para la producción de heroína. No tienen alternativas debido a las amenazas de los grupos criminales: o se conforman o se van.

Chilpancingo, la ciudad donde un grupo de sicarios se llevó a Alan Cerón, es la ruta obligada hacia el Distrito Federal y hacia el norte del país. Se trata de un camino por el cual pasan enormes cantidades de droga en tránsito hacia los Estados Unidos y que está controlado por grupos criminales coludidos con las instituciones. En esta ruta se halla Cuernavaca, que hasta hace pocos años era considerada un pequeño paraíso, lugar de descanso de la burguesía capitalina. Ahora es uno de los centros más terribles de violencia.

En el aire de Guerrero se mezclan recuerdos de una tierra rebelde con la actualidad de una zona militarizada, donde son frecuentes los retenes y los enfrentamientos, a pesar del intento de salvaguardar el turismo de zonas mundialmente reconocidas como Acapulco, Ixtapa o Zihuatanejo. Aquí se percibe un enlace entre el pasado y el presente. Una práctica que se inició hace 40 años para aterrorizar a una población y que, lejos de ser abandonada, sigue siendo un instrumento para la devastación del tejido social.

Alan Israel Cerón Moreno es el emblema de miles de personas que tuvieron la misma suerte durante el sexenio trágico de Felipe Calderón Hinojosa. Por mi parte, después de haber conocido "el municipio con más desaparecidos de México" y haber visto el lugar donde Alan estuvo detenido ilegalmente, me voy de Guerrero con la certeza de que aunque se empezara hoy el inmenso esfuerzo de acabar con las desapariciones forzadas, la tragedia que se perpetró en México durante el sexenio de Calderón tardará muchos años en ser develada en su real magnitud. Lo más desalentador es darse cuenta de que, al parecer, no hay intención política de resolver los miles de casos de desaparición forzada que siguen abiertos.

El camino hacia una explicación de este fenómeno me lleva ahora hacia el estado de Jalisco, en la costa occidental del país, donde un colega periodista me ha puesto sobre los pasos de un desaparecido que logró escapar de quienes iban a asesinarlo y está dispuesto a contarme su experiencia. La ruta me lleva a Guadalajara.

IV

Sobrevivientes

Es muy difícil que una víctima de desaparición forzada vuelva a aparecer. Es casi imposible. En la mayoría de los casos pasan años sin que se conozca el paradero de las víctimas. Llego a Guadalajara el día anterior al segundo debate entre los candidatos a la Presidencia de la República. Es el 9 de junio de 2012. La manifestación de #YoSoy132 va a ocupar muchas calles en protesta contra la alianza entre el candidato del PRI y Televisa.

Hace una mañana soleada y calurosa. No ha sido fácil ponerme en contacto con Miguel, el joven que ha logrado escapar del cautiverio, pero se resiste a hablar. Su temor es comprensible, quién podría dudarlo. Sólo después de una larga negociación, en que le ofrezco garantías de que no será identificado, acepta darme su testimonio.

Lo encuentro en un lugar público, cerca de la iglesia conocida como el Expiatorio; lo acompaña su hermana. Me da la mano. Sus ojos voltean a ver rápidamente en todas las direcciones en los momentos en que no están viendo el suelo. En su mirada se lee preocupación, desconfianza y tristeza. Nos sentamos en unos escalones detrás de la iglesia, rodeados por grandes estatuas de bronce negro que adornan el lugar. Son estatuas inquietantes, con largas patas de araña, cuerpo de tortuga y cabezas humanas. Sentado, Miguel tiene aspecto de niño; su cuerpo delgado, diminuto, y su corte de cabello lo hacen parecer un adolescente.

—¿Por dónde empezamos? —me pregunta inquieto.

—Por donde quieras. Cuéntame lo que te pasó…

Su voz sale con cierto esfuerzo, como si le causara dolor físico el simple hecho de verbalizar sus recuerdos. Se detiene a menudo, los silencios son largos, la voz baja, la mirada fija en sus propias manos, que no encuentran paz y siguen moviéndose todo el tiempo.

—Me fui de mi pueblo en Oaxaca hace casi un año —empieza—. Fui a ver a mi hermano que vive en Mazatlán, Sinaloa. Me fui en camión para allá. Me bajé en Tepic para ir al baño pero me tardé demasiado y el camión se fue sin mí. Me agarró la desesperación porque mi maleta se había quedado en el camión. Fui a hablarle a los de la central, a ver si me cambiaban mi boleto, pero no. Me dijeron que iba a tener que comprar otro. Y pues no tenía dinero para comprar otro boleto. Les dije que si por favor me apoyaban porque no tenía, pero nada, no quisieron. Entonces me salí de la central y fui a dar vueltas en la calle, a ver si encontraba alguna chamba para ganarme ese dinero.

Miguel estaba perdido. Solo en Tepic, sin conocer a nadie, sin un peso.

—Era la primera vez en la vida que salía del rancho —confirma su hermana.

Pasó dos días buscando un trabajo que pudiera dejarle algo para comprar un boleto. La primera noche durmió en la calle, cerca de la central de autobuses. Era julio, hacía calor, la noche estaba tranquila y Miguel trataba de descansar sin molestar a nadie. Unas patadas lo despertaron. Dos hombres, dos sombras, cuatro botas volvieron a patearlo en el estómago. Miguel se despertó con terror, no pudo gritar porque le faltaba el aire, los hombres tenían uniforme de policías.

Las estatuas antropomorfas nos miran en silencio. La ciudad de Guadalajara espera el segundo debate presidencial. Miguel ahora está muy concentrado, recordando. Y así recuerda que se levantó, tratando de entender qué le estaban diciendo los policías. Le decían que se quitara, que se fuera, que ahí no podía dormir. Luego manos pesadas esculcaron sus bolsillos. Sacaron las pocas monedas que tenía. "Si volvemos a verte por aquí te vamos a partir la madre", dijo uno de los municipales. "Vete a la verga, pinche indio", abonó el otro.

—Me dejaron ahí, sin nada, me quitaron todo —recuerda Miguel tronándose los huesos de las manos.

Los días pasaron, Miguel encontró la forma de ganarse algo ayudando a descargar camiones en el mercado. Estaba listo para irse de Tepic. Todavía dormía en la calle, no quería gastarse nada de lo poco que tenía para estar seguro de no volver a quedarse sin dinero. Cuando juntó lo necesario para irse pensó: "Ésta es la última noche, mañana agarro el camión para llegar con mi hermano". Alguien le regaló una torta. Eran las siete de la tarde y Miguel comía tranquilo en la banqueta. De repente llega una camioneta, o una combi, no se acuerda bien. El chillido de las ruedas lo toma por sorpresa. Bajan dos hombres "grandotes, mucho más que yo, y me subieron sin decirme nada, sin hablar. Me acuerdo que eran cinco. Dos adelante y tres atrás". Al parecer, los vidrios laterales de la camioneta están oscurecidos, no dejan ver bien qué hay afuera. Por adelante sí se puede ver; el vehículo viaja por la ciudad, luego sale al campo de Nayarit.

—Cuando llegamos a la casa —recuerda Miguel tímidamente—, lo primero que hicieron fue romper toda mi ropa, me dejaron en puros calzones, bueno, en bóxer. Y me bañaron con agua helada. Me golpearon, me decían puras groserías.

Tirado en el suelo de un cuarto que tenía una ventana pequeña, lo único que escucha es la amenaza de uno de sus secuestradores: "Acostúmbrate, pendejo, porque no vas a salir de aquí. Te advertimos que te fueras a la chingada".

Mientras platicamos a espaldas de la iglesia, pienso en el significado de estas últimas palabras: "Te advertimos que te fueras a la chingada". Quien las dijo era uno de los policías municipales que lo pateó afuera de la estación de autobuses. Miguel, entonces, también fue vigilado y su persistencia lo delató: si a pesar de las amenazas continuaba en la vía pública, seguramente era un desamparado, un desechable, una basura humana, es decir, no era nadie. El calor aumenta y se vuelve molesto, la luz blanca agrede los ojos de Miguel y practica unos cortes en su rostro atemorizado.

—Así empezó el infierno —me dice, cuesta entender su pronunciación—. Los días en cautiverio son todos iguales: encerrado en un cuarto, casi siempre semidesnudo. Al principio solo, con una cubeta en lugar de un excusado. Me daban de comer pero sin ningún horario. Cuando querían me pasaban algo, un plato de arroz y frijoles, unas tortillas, un pedazo de pan. Pero había días en que no me daban ni agua. A veces —prosigue— se escuchaba música, tenían un radiecito o algo porque se escuchaba música, creo que ranchera, o de banda.

Con el tiempo llegaron otros muchachos. Casi no hablaban con Miguel, ni entre ellos. Casi todos muy jóvenes, casi todos secuestrados en la calle, casi todos de pocos recursos.

—Uno tenía familia. También decía que sí tenía trabajo. No sé dónde, pero parecía más mayor, como de 30 o 40 años. Los secuestradores estaban armados, tenían pistola. Hablaban poco y nomás decían insultos. A mí nunca me ha gustado decir groserías, ni escucharlas. Eran bien groseros, nos maltrataban mucho.

—¿Qué les decían?

—¿Se puede decir? ¿Va a salir que yo lo dije?

—Claro que se puede decir, pero yo voy a escribir que tú no hablas así.

—Ah, pues me decían que chinga tu madre, que me iban a hacer pedazos porque era un pinche puto asqueroso. Que era un hijo de la chingada.

Miguel se agita recordando su experiencia. Vivió meses así y sus victimarios abusaron de él de muchas formas. Tal vez por eso lo cuenta en pocas palabras, sin parar, sin quedarse en los recuerdos. Son frases cortas, simples, que reconstruyen momentos tremendos. Cuenta que lloraban mucho, él y algunos de sus compañeros de prisión. A veces todo el día. Sobre todo no entendían, no se explicaban el porqué de tanta violencia, de tanta crueldad. Entraban sus carceleros varias veces al día, o en plena noche, a golpearlo, a insultarlo, a burlarse de él. "Pinche chillón, sé hombre", le decían.

Los escuchaba llegar, delatados por sus risas. A veces no escuchaba nada y ganaba algunas horas de paz. La casa de seguridad en la que estaba encerrado no fue siempre la misma. Dos veces se mudaron. Siempre en el campo. Siempre fuera de la ciudad.

Le ponían un trapo en los ojos, le esposaban las manos, lo subían a una camioneta y salían. Después lo encerraban en otro cuarto vacío, junto a otra cubeta, y pasaba otros días sin comer, sin tomar agua.

—No entiendo. De verdad que todavía no entiendo. No me decían nada. Creo que les gustaba hacer esas cosas. Lo único que te puedo decir es que creo que les gustaba maltratarnos. Creo que sentían que ellos eran los fuertes, los que mandaban —reflexiona.

Casi al final de su cautiverio llegó un hombre en medio de un nuevo cargamento de prisioneros.

—Lo pusieron en el cuarto conmigo, era más grande, era adulto.

Miguel hablaba con él, pero en voz baja, para que no los escucharan desde afuera.

—Me decía que no me preocupara, que me iba a ir bien, que si no me habían matado antes pues a lo mejor me salvaba. Luego un día le pregunté que por qué a los demás se los llevaban a trabajar y a mí no.

Miguel había visto desde la ventana que de vez en cuando los secuestradores sacaban a algunos en una camioneta.

—Qué bueno que no te hayan llevado —le contestó el hombre adulto—, porque no se los llevan a trabajar, mijo, a los que se llevan los matan.

El día de la fuga pasa todo rápidamente. Parece un día como todos los demás, un día normal, pero de casualidad, por alguna razón del azar, esta vez el carcelero de Miguel, después de haberle dejado un plato de arroz con frijoles, olvida cerrar la puerta. A Miguel no se le ocurre nada. Ni un pensamiento, ni una idea, sólo correr. Simplemente se levanta y corre. Llega a la puerta de la casa y se lanza al campo. La casa está en medio de la vegetación. Miguel puede ver sólo verde a su alrededor y sólo puede correr.

—A lo mejor escuché voces o disparos detrás de mí. Pero no me acuerdo bien. Me acuerdo que había mucho verde.

No quiere decirme a dónde llegó, para que no se entienda la ubicación de la casa de seguridad. Atrás de sus "no me acuerdo bien" hay un miedo infinito. Miguel trata de olvidar las caras de sus secuestradores, su camioneta, sus voces, los lugares que imaginó reconocer aunque no había andado por ahí nunca.

—Me quedé escondido en medio de los árboles todo el día y toda la noche. Me acuerdo que me robé unos pantalones y una sudadera de una casa por ahí. Y luego nomás me puse a esperar que pasara el tiempo. Nada más. A esperar que no me encontraran.

Pasó un día, y nadie apareció. Ninguno de los secuestradores llegó al refugio de Miguel entre los árboles. Ninguna pistola disparó y ningún hombre volvió a llevárselo en una camioneta.

Exhausto pero más tranquilo, Miguel decidió entonces salir a la calle más cercana y buscar un aventón hacia cualquier lugar lejos de allí. Fueron dos jóvenes mujeres las únicas que decidieron parar el carro y subir al joven flaco, chaparro y espantado que les pedía un *ride*. ¿Dónde lo recogieron esas muchachas? No tiene idea, pero el viaje no fue largo y lo llevó a la ciudad de Irapuato. Callado casi todo el tiempo, hundido en el asiento trasero del coche gris que lo transportaba, Miguel sólo aceptó agua y algo de comer que las dos mujeres le ofrecieron sin preguntarle nada. Tal vez su aspecto de niño muerto de miedo, su cara, decían lo suficiente para que ellas lo entendieran.

—Me tuve que quedar un tiempo en Irapuato. No tenía dinero ni el número de mi hermana en Guadalajara. Me tardé casi otro mes para juntar lo que necesitaba —dice Miguel con fatiga, como si de repente se aburriera de contar algo que lo fastidia. En cuanto reunió el dinero para el boleto del autobús, vino a Guadalajara.

Sin que nos demos cuenta, mientras hablamos, se ha puesto insoportable el calor. Miguel permanece, como cuando llegó a la cita, con la cabeza escondida en la capucha de su sudadera.

Pienso que tal vez por eso ya son muchos los que nos observan con descaro, preguntándose qué le estaremos platicando a una grabadora. Miguel se siente incómodo. Cada persona que pasa le llama la atención. Es como si cada par de ojos, que por un instante se fijan en nosotros, pudieran ver y descubrir los más mínimos detalles de su historia, transformarlos en palabras y hacerlos llegar a los oídos de sus secuestradores. Para él no hay tranquilidad que dure más de unos cuantos minutos. Luego regresa la angustia.

Su hermana me había dicho por teléfono que Miguel ya no está acostumbrado a ver gente. Nomás sale temprano en la mañana para ir a trabajar como jardinero y regresa en la tarde directo a su casa. Sin hablar con nadie, sin salir a tomar un trago ni a comer con algún amigo. Siempre con la capucha que, haga frío o calor como ahora, le cubre la cabeza por completo. Desde que lo entrevisté —pronto serán ya dos largos años— pienso en las casas de seguridad donde lo tuvieron, pienso en los demás, que también estaban desaparecidos. No comprendo racionalmente por qué una banda del crimen organizado actuaba como una especie de perrera municipal, recogiendo en las calles seres humanos desechables, manteniéndolos privados de su libertad sin propósitos visibles.

¿Aquellos que, según Miguel, sí tenían trabajo, esperaban que sus familiares pagaran un rescate para salvarlos? Puede ser, pero ¿qué hay de los que eran casi indigentes como Miguel? ¿Por qué los mataban de hambre y de sed si no podían obtener provecho económico de ellos? Un colega, amigo mío, que

NI VIVOS NI MUERTOS

lleva años investigando temas como éste, me sugiere una hipótesis espeluznante.

A su modo de ver, los desaparecidos como Miguel, sin oficio ni beneficio, suelen ser utilizados como "mensajes". Si un cártel necesita zanjar un problema con sus rivales, para eso están los muchachos enjaulados como aves de corral, o como perros sin dueños. En el momento en que un capo quiere hacerse notorio, alguien saca a esos pobres jóvenes de las casas de seguridad y nadie vuelve a verlos hasta que amanecen colgados de un puente, o ensarapados a la orilla de una carretera con una cartulina sujeta a su pecho por un cuchillo.

Atando cabos, como suele decirse, pienso en las personas desaparecidas como lo estuvo Miguel, que corriendo con peor suerte que él, son torturadas, asesinadas y mutiladas, para que sus cadáveres formen pirámides de restos humanos en alguna ciudad importante. Recuerdo, por ejemplo, el caso de los cuerpos que fueron encontrados en una avenida de Boca del Río, Veracruz. También recuerdo las palabras del gobernador del estado, antes que los servicios sanitarios recogieran y trataran de identificar a esas víctimas: "Todos eran delincuentes con antecedentes penales y se merecían lo que les pasó".

¿Cuántos jóvenes anónimos son secuestrados por el mero hecho de dormir en la calle y no traer dinero en la bolsa? ¿Cuántos acaban sus días como viles "narcomensajes"?

V

Vaquero Galáctico

Vaquero galáctico llamando.
Me fui flotando en una pose fetal.
Vaquero galáctico llamando.
Y navegando de una forma espiritual.
Vaquero galáctico llamando.
¿Cuánto más costará llegar?

PORTER, "Vaquero Galáctico"

—Mi nombre es Melchor Flores Langa, originario de Nextlalpan, Estado de México. Mira, éste es mi hijo. Cuando estaba en la edad entre niño y adulto era un gran deportista, le gustaba mucho el ciclismo, tenemos trofeos, reconocimientos, medallas, participó en varias carreras nacionales. Después ya dejó el ciclismo y se dedicó a la actuación, como se manifiesta aquí en esta fotografía. Su nombre es Melchor Flores Hernández, más reconocido en Monterrey porque allá fue su desaparición. Su nombre artístico es Vaquero Galáctico.

Cuando encuentro a Melchor por primera vez, en la Ciudad de México, es un día soleado de diciembre. Melchor es un hombre robusto, con un bigote de vaquero al estilo texano y su cabello, que en el pasado debió de ser de un color negro intenso, ahora tiene algo de canas. Cuando te saluda aprieta la mano con energía y te mira directo a los ojos.

Tiene en las manos una madeja de hilo negro, hilo grueso, del tamaño de una pelota de futbol. Gira con ella lentamente alrededor de la estatua de bronce de uno de los personajes famosos de la historia de México, que parecen esperar eternamente un taxi a la orilla del Paseo de la Reforma. Trepada en una escalera, una mujer sigue enrollando el hilo poco a poco, alrededor de la figura del prócer, cuyo nombre ya no se puede leer, hasta transformarla en una especie de sombra oscura. De la base de la escultura sale una tira blanca. En la tira está escrito: "Raúl Trujillo Herrera. Desaparecido en Guerrero. 33 años. Michoacán. 312 m".

La mujer sigue envolviendo la estatua con el hilo negro. Ya casi ha llegado a la cabeza. Melchor desde abajo camina a su alrededor sosteniendo la madeja. No quieren dejar descubierto un solo cachito. La mujer es una joven artista, Laura Valencia. Me explica que cada madeja representa el cuerpo de un desaparecido. En la tira ha escrito el nombre de la víctima, el lugar donde lo desaparecieron, la edad que tenía en ese momento, el lugar de donde venía y los metros de hilo necesarios para representar el volumen del cuerpo.

Cada madeja tiene su tira blanca. El cálculo, me dice, lo hizo a partir de la altura y el peso de cada desaparecido, trabajando con sus familiares en alguna de las organizaciones de defensores de víctimas. "El objetivo es que se haga visible el espacio vacío que deja ese cuerpo", me explica Laura desde su escalera mientras sigue cubriendo la cara del que para mí es un desconocido, que seguramente hizo cosas muy importantes para merecerse una estatua en Reforma. "Por eso las madejas son de color negro, porque tratan de representar ese vacío. Lo que estoy buscando con esta intervención es hacer visible ese vacío, ese hueco que deja un desaparecido, pero a partir de una estatua, digamos, a partir del espacio público, porque finalmente ellos forman parte del espacio público."

Laura y Melchor no están realizando esta obra solos. Hay otras seis personas que hacen lo mismo con otras estatuas, bajo los ojos vigilantes de los policías uniformados. Como están aburridos, no se les ocurre nada mejor que molestar a una artista que trata de sensibilizar a la población resignificando estatuas que de otra forma nadie voltearía a ver. Cuando los uniformados se van, llegan otros y le piden permisos oficiales que ella, por cierto, sí tiene. Desde la mañana está trabajando y su objetivo es envolver decenas de estatuas, para que el mayor número posible de gente se entere de lo que está pasando en México. Entonces, durante una pausa, Melchor se sienta conmigo para contarme la historia de su hijo, el Vaquero Galáctico.

—A él lo detuvieron en tres ocasiones —me dice— por estar trabajando en vía pública, en la Macroplaza de Monterrey y en el paseo de Santa Lucía. La última vez fue el 19 de enero de 2009. Luego finalmente le otorgaron un permiso, pero el 25 de febrero fue secuestrado por la policía de Monterrey.

Melchor me asegura que hay testigos de la desaparición de su hijo, pero no han querido declarar por miedo. Y una persona, que era clave, fue amenazada y golpeada. Trato de entender por qué sucedió esto, pero no lo consigo. Vamos a ver: Melchor estaba en casa de Andrés Batres, un amigo suyo, un ex policía de Monterrey, y los acompañaba otro joven, un tal Gustavo. Al parecer Andrés fue a comprar algo al Oxxo pero no regresó. Luego bajó el Vaquero Galáctico a buscarlo, y tampoco regresó; por último bajó también Gustavo y, lo mismo, nunca regresó. Ésta es la versión que se da de los acontecimientos. Así de sencilla.

Lo que se ha logrado saber es que un grupo de agentes de la Policía Regia que operaba para el crimen organizado, aprovechando su posición de autoridad, estuvo involucrado ese día en la desaparición del Vaquero. Algunos de esos elementos están detenidos, pero no han confesado. Sólo uno de ellos admitió haber secuestrado a uno de los amigos del Vaquero, Andrés Batres, para entregárselo a su comandante. Andrés, en realidad, era el objetivo del operativo ilegal de ese día. Y desde 2009, es todo lo que se ha obtenido de esos policías corruptos.

Después de la primera conversación con Melchor siento que es necesario viajar a Monterrey. Son muchas las historias de esa ciudad que se han esparcido por todo México, y su común denominador es el terror y la violencia. Allí, por ejemplo, se popularizaron los casos de los "falsos positivos", esa modalidad de la lucha contrainsurgente creada en Colombia, para optimizar el número de supuestos narcotraficantes o guerrilleros abatidos en combate por las fuerzas gubernamentales. ¿Quién no recuerda el espantoso final que tuvieron dos becarios del Tec de Monterrey, cuando durante un enfrentamiento entre el ejército mexicano y un grupo de sicarios, los jóvenes fueron capturados por los uniformados dentro de su centro de estudios, torturados y asesinados inmediatamente por quienes los presentaron a los medios como "peligrosos" narcos?

Monterrey, una ciudad de cuatro millones de habitantes, involucrada en la guerra de los Zetas contra el Cártel del Golfo, está repleta de historias horripilantes. Sin embargo, me tardo un poco en organizarme para viajar hacia allá y, entre tanto, doy vueltas por otras regiones del país, siguiendo otras historias, pero siempre teniendo a Monterrey en mente, como una clave de interpretación indispensable.

Mientras llega la hora de concretar ese proyecto, encuentro a don Melchor en otras ocasiones y vuelvo a platicar con él sobre la desaparición de su hijo, el Vaquero Galáctico. Finalmente, los planetas se alinean, agarro un avión y me lanzo a Monterrey. En otras palabras, ¡me voy pa'l norte!

Barrio Antiguo

Tenía más de 10 años sin venir a Monterrey. Muchos me advirtieron que la ciudad había cambiado profundamente, que no la iba a reconocer. Lo que yo recuerdo es una ciudad viva, llena de estudiantes, de bares, de actividades culturales y recreativas.

Una ciudad que desafiaba día tras días las condiciones adversas de su naturaleza hostil. Una ciudad que a pesar de todo era un baluarte del esfuerzo humano en medio del desierto. Recuerdo gente abierta, calurosa, generosa, gente ligera y amante de la diversión. Gente que se ufanaba de no ser como los demás mexicanos, ésos que "no trabajan como se trabaja aquí", que "no saben qué quiere decir partirse el lomo con madre". Y al mismo tiempo, gente orgullosa de ser mexicana, de ser parte de este sentimiento indefinido y poderoso que es la mexicanidad. Ésos eran mis recuerdos, pero en cuanto bajo del avión lo que veo es otra cosa.

En los últimos años Monterrey se ha transformado en un epicentro de la violencia, pasando de ser una ciudad con una gran concentración de riqueza (y también de pobreza, marginación), a una plaza muy importante en los equilibrios y conflictos entre grupos criminales. Esto lo sabía antes de llegar, no lo descubro ahora, pero algo diferente es verlo y respirarlo. Es distinto sentir en la piel lo que esto significa.

Y es justo lo que necesito para esclarecer un poco otra pieza del enorme rompecabezas que estoy tratando de armar: respirar el aire de uno de los lugares más conflictivos de México en este momento histórico, y no sólo por el número de homicidios y desapariciones forzadas, no se trata de una cuestión numérica. Lo que me llama la atención es la importancia de la ciudad de Monterrey por su relevancia financiera y al mismo tiempo su ubicación estratégica en las rutas de todos los tráficos de entrada y salida que pasan por esta parte del país.

En un día lluvioso de julio, el calor que caracteriza el verano regio se empapa con la humedad, creando un aire espeso que entra en la garganta como una bola de estambre. Fumo un cigarro saliendo del aeropuerto y el humo que trago y expulso me parece más fresco que el aire que respiro.

Me muevo por el centro sin una meta, simplemente para recorrer estas calles, para conocer el ambiente, la atmósfera, la temperatura social. Para ver los lugares donde se movía y trabajaba el Vaquero Galáctico. Me pierdo al principio, hasta llegar al mercado de la calle Arramberri, zona de cantinas. El caldo de res es excelente, lástima que lo arruinen los primeros halcones que veo, y que observan a un güero con pinta de extranjero metiche, que lleva una cámara y hace muchas preguntas.

Me tengo que acostumbrar porque los halcones serán mi escolta durante todo el tiempo que esté aquí. Cuando llego a la Macroplaza ya son las ocho de la noche, todavía hay luz, pero casi nada de gente en la calle. Es un jueves. A lo mejor todavía están trabajando.

Trato de investigar dónde se ponía el Vaquero, en qué punto. Pregunto a un hombre que cuida los carros de la gente que va a un restaurante, cerca del Barrio Antiguo. Él conocía al Vaquero. Ha visto muchas veces a ese joven plateado. Lo recuerda siempre sonriente, juguetón, divertido. "Se la pasaba por aquí, haciendo su show en la calle. A la gente le gustaba, sobre todo a los niños. No le molestaba a nadie."

Me dice el hombre, Elías, que de repente no se supo ya nada de él. Nunca volvió a trabajar ahí. Dicen que se lo llevaron, pero él no sabe si creerle a la gente o no. Elías me cuenta que la situación ha cambiado mucho, los restaurantes del Barrio Antiguo estaban siempre llenos, "a esta hora no se podía literalmente caminar por esta calle por la cantidad de gente. Mírela ahora". Tiene razón. Ahora la calle está vacía. Totalmente vacía y oscura.

Me había comentado don Melchor cuando hablé con él por primera vez, aquel domingo de diciembre en el Paseo de la Reforma, que cuando desaparecieron a su hijo, fueron empleados de Televisa Monterrey quienes les avisaron, a él y a su familia, porque el Vaquero Galáctico estaba trabajando en un show de esa empresa con su personaje plateado. Y cuando don Melchor llegó a Monterrey desde el Estado de México, fueron también los de Televisa quienes lo acompañaron a la Agencia Estatal de Investigaciones a levantar su denuncia. Melchor dice que nunca pudo ver a su hijo en la tele, porque no tiene televisión de paga y lo pasaban sólo por cable. Le hubiera gustado mucho verlo actuar en un programa.

Decido ir a Televisa a pedir imágenes del Vaquero Galáctico. Gracias a un amigo que trabaja ahí, me es relativamente fácil obtener los videos. En la tarde me pongo a verlos en mi computadora en el cuarto del hotel. Melchor Flores Hernández, el Vaquero Galáctico, es un joven simpático. Las cámaras lo graban mientras está haciendo su show en la Macroplaza, a un lado del Palacio de Justicia.

Juega con sus dos pistolas de juguete colgadas en un cinturón, también plateado. Hace ruidos de robot con un aparatito que tiene escondido en la boca. Se mueve como un robot y como un vaquero. Como un vaquero robot. Sus lentes de espejo ocultan su mirada, pero su sonrisa divertida muestra el gusto que tiene por su trabajo.

En otro video una periodista lo entrevista en la Macroplaza. Se ve muy contento porque ya tiene su permiso y desde ahora va a poder trabajar en todos lados sin que la policía lo detenga. Dice que le ha costado mucho pero que al final se dieron cuenta de que la gente lo quiere y que su trabajo es de alguna utilidad.

En otro video está en la cárcel. Fue la última vez que lo arrestaron por trabajar en la calle sin permiso. A pesar de estar detenido juega con los policías, haciéndolos reír a todos con su espectáculo. Sus palabras son respetuosas. "Ellos me pueden detener y yo con gusto voy a dejarme. Sé que no estoy haciendo nada malo. Lo único que pido es que me den un permiso para que yo pueda trabajar. A la gente le gusta mi trabajo."

Y es cierto. A la gente le gustaba su trabajo. Cuando regreso otra vez a la Macroplaza, hablo con otras personas que pasan por ahí. Algunos no se acuerdan del joven Melchor, pero la mayoría sabe quién es.

—Sí, yo sí me acuerdo de él —me dice un chavo de unos 17 años—, actuaba como robot y hacía sonidos bien locos; era un payaso disfrazado de vaquero plateado. Era muy bueno.

—¿Y sabes qué le pasó?

—Pues dicen que se lo llevaron, pero no creo. ¿Por qué se lo hubieran querido llevar? Para mí que se fue al otro lado.

Diputados satisfechos

Las oficinas de Ciudadanos en Apoyo a los Derechos Humanos, A. C. (CADHAC), una combativa ONG que dirige la hermana Consuelo Morales Elizondo, están en remodelación. No funciona el aire acondicionado. Esto quiere decir que entrar ahí es como meterse en un horno que huele a pintura. Pero me atienden cálidamente.

Encuentro a la licenciada María del Mar Álvarez Morales. Ella está siguiendo algunos casos de desaparición forzada, entre los muchos que tiene esta ONG, casos de ejecuciones extrajudiciales, homicidios y demás. Me lleva a una oficina fresca y aislada para poder hablar. Me interesa el proceso que ella está desarrollando; su objetivo es presionar al Congreso de Nuevo León para que se apruebe la tipificación del delito de desaparición forzada en el código penal del estado. Esta mañana hubo una manifestación de muchos familiares de desaparecidos justo delante de la sede del Congreso, a un costado de la Macroplaza. Los diputados que se oponen, principalmente del PRI, llegaron a burlarse de los familiares de las víctimas, descaradamente. A reírse del "drama" de la desaparición forzada de personas, un tema que ellos no consideran importante.

María del Mar me explica cómo están las cosas:

Los que no quieren que se tipifique el delito de desaparición forzada te argumentan que si ya existen delitos de privación ilegal de la libertad, ¿para qué pedir un nuevo tipo penal? Sin embargo, yo les preguntaría: ¿es lo mismo que llegue Juan Pérez y mate a un señor que iba pasando, o que llegue Juan Pérez y mate a su papá? No, no es igual. Por eso existe el delito de parricidio, por eso hay una agravante, porque el parricidio es un delito mucho más delicado en virtud de la relación de parentesco entre el victimario y la víctima. Con la desaparición forzada pasa lo mismo. Se debe considerar un delito mucho más grave, porque una autoridad policiaca tiene facultades para privar de la libertad a alguien. Además, por el hecho de ser autoridad, se le atribuye cierta confianza, bueno, confianza que hoy se ha perdido, pero en teoría se le atribuye cierta confianza y, adicionalmente, esa autoridad está en una posición de superioridad respecto del ciudadano común, entonces por eso este delito es mucho más grave.

Por lo que me dice la abogada, en esta propuesta de reforma al Código Penal de Nuevo León se establece que el delito de desaparición forzada es un delito continuado, es decir, que se sigue cometiendo, día tras día, a medida que pasa el tiempo. Si una desaparición se da en 2004, pero el delito se tipifica penalmente 10 años después, el delito que se cometió en 2004 se seguirá cometiendo hora tras hora, porque las autoridades no dan información sobre el paradero de la víctima y no se ha localizado a la persona desaparecida. Por eso los familiares y las organizaciones no dan tregua a los diputados, que siguen postergando la votación.

Es muy importante esta reforma, también, porque se plantea la posibilidad de que a las personas que sean consignadas por este delito se les ofrezca una negociación, para que se les rebaje su sentencia a cambio de información sobre el paradero de la persona desaparecida. María del Mar es muy clara al respecto: "Al final, si tú hablas con cualquiera de los familiares, en algunos casos te dirán que hay personas consignadas; sin embargo yo no sé dónde está mi hijo. Entonces, a mí de qué me sirve que existan personas consignadas si no me dan información, porque lo que pasa es que después [los consignados] se acogen al artículo 20 constitucional y no declaran nada, absolutamente nada, sobre el paradero de la persona".

Meses después de mi visita, el 20 de noviembre de 2012 el Congreso de Nuevo León tipificaría el delito de desaparición forzada gracias a la gran presión de los grupos de familiares de víctimas y organizaciones como CADHAC. Desde entonces, a pesar del gran esfuerzo, no ha mejorado la situación de los desaparecidos, aunque ahora las familias tengan una herramienta más para defenderse… teóricamente.

En las oficinas de CADHAC hay algunas madres que buscan a sus hijos desaparecidos. Después de hablar con María del Mar, me detengo a platicar con ellas y me cuentan sus historias. Una de las frases más recurrentes que he escuchado, desde el principio de esta investigación, es que su familiar "estaba en el lugar equivocado a la hora equivocada". También Melchor Flores Langa, el papá del Vaquero, me ha dicho que a lo mejor a la policía no le había gustado que su hijo estuviera en la Macroplaza, un lugar equivocado. La mamá de Alan me dijo que ella no sabía que aquella banqueta de donde se llevaron a su hijo era un lugar equivocado. Decenas de personas me han repetido lo mismo, como si existieran lugares correctos y lugares equivocados. Como si estar en una calle, en una plaza, fuera razón suficiente para borrar a una persona de la faz de la tierra. Como si existir fuera un delito.

El calor ha bajado pero no puedo decir que el aire sea fresco. Con calma, en una ciudad vacía, regreso al hotel a ver otra vez las últimas imágenes del Vaquero Galáctico. Su cara, su actitud, comunican una extraña sensación de cercanía. Es como si reconociera a un amigo que no veía hace mucho tiempo. Sonará absurdo esto, pero lo que me transmite es definitivamente buen humor. Es realmente muy bueno en su trabajo.

Modus operandi

Francisco Romero es el abogado de la familia del Vaquero Galáctico. Lo encuentro en el Centro Nacional de Comunicación Social (Cencos), en la colonia Roma del Distrito Federal, junto con Melchor Flores Langa. He dejado Monterrey con una sensación de alivio. Los últimos días los dediqué a recoger testimonios en la calle, siempre observado por halcones que venían y preguntaban con insistencia qué era lo que estaba haciendo. La belleza del Cerro de la Silla incendiado de rosa al atardecer no pudo quitarme de encima la sensación desagradable de estar en una ciudad sitiada por la criminalidad.

Regresando al D. F. la sensación es de tranquilidad, como si este lugar fuera el más seguro del mundo. Quiero entrevistar al licenciado Francisco Romero porque Mar me habló muy bien de él y porque lleva el caso del Vaquero Galáctico. Nos sentamos en el pequeño patio del Cencos.

—El caso del Vaquero —me dice el abogado— es muy relevante, porque ahí no cabe ni la menor duda: quienes llegan por él son policías en funciones. En este caso estamos hablando de la Policía Regia. Por lo que hemos podido conocer, había un grupo que controlaba a la policía de tal manera que, por parte de un sujeto, uno de los jefes, se ordena la ubicación y el aseguramiento de Andrés Batres, uno de los acompañantes del Vaquero Galáctico. De hecho no mencionan que iban por el Vaquero, más bien iban por el otro joven, por Andrés. Dicen: "Tenemos que privar de su libertad a Andrés Batres", y en la detención de esta persona se da la detención de Gustavo y de Melchor hijo, o sea, el Vaquero Galáctico. Y se da por un grupo policiaco que estaba en descanso y que se apropia de las patrullas. Ese día funcionan como si estuvieran en servicio y arman un operativo para asegurarlos a los tres.

El licenciado Romero tiene una barba bien cuidada y una mirada irónica en el fondo de sus lentes.

—Esto que se da en el caso de Melchor —prosigue—, lo hemos visto en otra serie de casos que tenemos. Este grupo de policías regios siguieron actuando después de que se dio la desaparición de Melchor. ¿A qué me refiero? Siguieron trabajando mucho más de un mes, como policías. En las primeras gestiones que hicimos se solicitó que fueran presentados y declararan sobre lo que había sucedido; fue un caso que llamó

118

mucho la atención porque el Vaquero Galáctico era conocido por la gente, pero también porque había sido detenido más de una vez por cuerpos policiacos. Algunos han querido hacerlo ver como un problema de delincuencia, lo que no es cierto; otra versión dice que le incomodaba al jefe de la policía en turno y que el Vaquero se empecinó en molestarlo y que ese señor dijo, "¿ah, sí?, pues ahora te voy a joder". No —el abogado Romero rechaza esta hipótesis—, no, la verdad, no creo que sea eso... De acuerdo con las constancias que hay en el expediente de la investigación, Andrés Batres era una persona que ya estaba implicada en la delincuencia, era una persona que le estaba generando problemas a un grupo.

—Entiendo —le digo— que esto no es un caso típico de extorsión, de secuestro, sino más bien el *modus operandi* del aparato policiaco. Es lo que está pasando en tantas partes del país, y está registrado por todas las organizaciones de defensa de los derechos humanos. Son policías que están operando para un grupo criminal y "levantan" a la gente para los grupos criminales. Se los llevan con cualquier excusa, con cualquier razón.

Es verdad. Se han documentado muchos casos donde la policía, si bien no actúa directamente como secuestradora de personas, o no detiene ilegalmente a nadie, se encarga de dar información a la delincuencia, o simplemente "limpia" el espacio para que las organizaciones criminales puedan cometer un delito, para que puedan "llevarse" a alguien.

En otras palabras, el problema de muchas policías del país o de sectores de cuerpos policiacos, es que trabajan en estrecha relación con la criminalidad. En algunos casos no se logra entender dónde acaba la policía y dónde empieza el grupo criminal. El caso del Vaquero Galáctico es todo un emblema de esta sintomatología de la corrupción de las instituciones. Es una desaparición forzada de persona, que fue realizada siguiendo paso a paso las instrucciones de un manual. Así lo aparenta, al menos.

—La cosa más interesante en el caso del Vaquero Galáctico —sigue explicándome el abogado— es que hay una detención pero no por un delito. Lo que dice el policía que detuvo a Andrés Batres es: "Yo llego, paso lista, entro en funciones, empiezo a patrullar la zona y veo el vehículo que me dieron de referencia y luego veo a este sujeto. Llego, lo aseguro y digo: vamos a entregarlo".

Se lo entrega al supuesto jefe policiaco que se lo pidió, que ese día no tenía que trabajar, y que no está detenido. Cuando lo llamaron a declarar, ese funcionario dijo: "No es cierto, yo no tengo nada que ver con esto. Yo no me vi implicado y además yo no pedí ni que lo arrestaran". Ese grupo de policías, poco después, se dio a la fuga.

La Procuraduría de Nuevo León alega que detuvo y consignó ante un juez a un agente de la Policía Regia, que dijo: "Sí, yo levanté a uno, a los otros dos no me consta y no sé".

Según el abogado, además de la participación activa de elementos de las instituciones en las desapariciones de personas, lo que influye de manera determinante es también la incompetencia de los servidores públicos, que hacen mal su trabajo de investigación.

—Es una incompetencia tal —precisa el abogado—, que ni siquiera hay que hablar de complicidad. Esa gente investiga con una visión corta, torpe, obscena, sí, muy obscena, porque desestima las desapariciones. Es lo más obsceno del aparato de justicia. Pregúntale a Melchor la pendejada que le dijeron la última vez: "Pues tenemos un testimonio, pero no es confiable, es un testimonio de oídas". Oye, dices, no mames, cabrón. O sea, ¡no seas obsceno! ¿Cómo te platico yo algo, que yo mismo te digo que no le doy ningún valor, pero que puede ser determinante para ti, que eres un familiar? Éstos no tienen ni la menor idea de lo que están hablando. Es incapacidad, y no por falta de información, sino porque tienen una visión corta, mediocre, que minimiza, que banaliza. En la SIEDO [Subprocuraduría de Investigación en Delincuencia Organizada] trabajan 24 horas y a veces duran una semana sin poder salir de la pinche oficina, los tienen trabajando como pendejos, digo como pendejos porque tienen que dar resultados. ¿Cómo? Con lo que tienen. Para eso les pagan, para que den resultados. O sea, sí es una incapacidad, pero también es una visión muy limitada del aparato del Estado.

Frente a la mediocridad y la incompetencia del Estado, parece más obscena aún la situación, porque los familiares de los desaparecidos están obligados a llevar sus casos adelante, por su cuenta, haciendo ellos la investigación.

Melchor nos alcanza en el pequeño jardín del Cencos. Escucha atento las palabras del abogado. En silencio revive la historia que ha contado tantas veces. Cuando el abogado acaba, agrega algo:

—No hemos sabido nada, y eso que ya tuvimos una reunión en dos ocasiones con el presidente Calderón y con los legisladores, estuvimos en el Castillo de Chapultepec, tuvimos una reunión también con [el que era entonces secretario de Gobernación, Francisco] Blake Mora. No nos quiso hacer caso en las dos reuniones que tuvimos con él. Yo a él personalmente le entregué documentos del caso de mi hijo, al presidente y a su esposa, a Blake Mora, les entregué copias de mi expediente y no hay nada. No ha habido un caso que nos hayan resuelto. Hemos tenido varias reuniones en Monterrey con el procurador y no hay ningún avance en las investigaciones.

—Pero después de esas reuniones —les recuerdo—, alguien asesinó a don Nepomuceno Moreno.

Don Melchor se identifica instantáneamente con este luchador social: un padre que también trataba de descubrir el paradero de su hijo.

—Nepomuceno era un gran hombre, un gran padre —resume—, él andaba buscando a su hijo, igual que yo andaba, en la lucha, y lo manifestó en una entrevista. Yo lo vi en la tele. Él dijo que si se tenía que morir en la raya pues no importaba, pero que no iba a dejar de buscar a su hijo. Eso demuestra el gran hombre que había en esa persona, el gran padre, el gran ser humano que había en Nepo, porque para nosotros es Nepo. El gobierno nos quiere acallar, quiere acallar nuestro dolor, infundiéndonos miedo, matando a nuestros compañeros, pero vamos a seguir en la lucha, eso ya lo planteamos los familiares. Vamos a seguir en la lucha, porque yo creo que es más grande el amor por nuestros hijos que el miedo. Como dijo una compañera, el miedo ya nos lo mataron. ¿Ya miedo a qué? ¿A que te maten? Te están matando en vida, te están enterrando en vida. Y si el gobierno no lo entiende, si el presidente no lo entiende, pues a lo mejor no le tienen el amor suficiente a sus hijos. Nosotros sí lo tenemos, y vamos a seguir, y los gobernantes y las autoridades y los policías a la mejor no lo entienden, o sí lo entienden, pero quieren callar nuestras voces, sin darse cuenta de que con sus acciones, nuestras voces se van a escuchar más, aquí y fuera. Yo no tengo nada personal con el presidente Calderón, ni con los gobernantes, ni con la policía. Si andamos en el movimiento es por amor, por amor a nuestros hijos.

Y con ese amor, hablando en presente, recuerda que su hijo tiene 29 años.

—El 19 de diciembre pasado cumplió 29 años —nos dice, y después guarda un largo silencio, hasta que confiesa un detalle que provoca una avalancha de emociones insoportables—: todos los días su madre le sirve de comer. El lugar de la mesa que él ocupa está vacío, vacío por su ausencia, porque él no está. ¿Te imaginas lo que es eso diario, diario, diario? Vives con tu problema; caminas con tu problema, te acuestas y duermes con tu problema. Despiertas, y despiertas con tu problema, porque despiertas y estás pensando en él. Si habrá comido, si estará vivo, si le habrán quitado la vida, si estará enfermo, si tendrá frío, si tendrá hambre. O sea, este tipo de situaciones a nadie se le desean, a nadie. Y eso al gobierno no le interesa, no le interesamos, como ciudadanos, no le importamos. Hay otros gobiernos en otros países que cuidan y protegen a sus ciudadanos, y el de nosotros no lo ha hecho, al contrario, primero atentaron contra nuestros hijos, ahora van contra los padres. Y la prueba es lo que le hicieron a Nepomuceno. No pueden decir que no es cierto; ¡no estamos mintiendo! Los hechos hablan por sí solos. Nepomuceno le pidió protección al presidente Calderón y no se la dieron, al contrario, ¡lo mataron!

Se calla repentinamente, como si tuviera vergüenza de lo que está diciendo, cuando las que deberían sentir vergüenza son las instituciones, que no sólo no apoyan a los familiares de las víctimas, sino que más bien son un obstáculo para su lucha por la verdad y la justicia.

—¿Quién chingados nos va a proteger? —pregunta don Melchor en voz baja—. Que el presidente me diga quién nos va a proteger. ¿Qué quiere? Si yo tuviera un enlace con algún cártel les diría yo: oye, protégeme, ¿no?, cuídame, ¿no? A lo mejor así mi familia y yo estaríamos mejor protegidos. Pero yo nada más digo: ¿quién chingados nos va a cuidar? ¿Pa qué hay policías municipales, estatales, federales, ejército? Calderón dice que el ejército lo echó a la calle para luchar contra el narco. ¡Pues no es cierto! ¿Por qué no le dieron la protección necesaria, dígase a Nepomuceno, dígase a don Trino? La verdad es que el Estado ha querido acallar nuestro movimiento, opacarlo. Lo han hecho, nos están amedrentando, están matando a los activistas, pero no te queda otra que seguir luchando. Tenemos que seguir luchando, para que a tus hijos y a ti no les pase lo que nos está pasando a nosotros.

VI

Madre sólo hay una: Estado, ninguno

Margarita López llega a su cita conmigo en un hotel del centro del Distrito Federal, acompañada por el jefe de su escolta. Los dos tienen una cara algo preocupada después de lo que ha pasado en menos de una semana. Margarita me conoce porque no es la primera vez que la entrevisto. Hablamos hace algunos meses frente a la Secretaría de Gobernación, no muy lejos de este hotel, cuando junto con otras madres de desaparecidos participaba en una huelga de hambre para obtener respuestas de las instituciones. Aquella vez casi no podía hablar, pues llevaba una semana sin comer, estaba deshidratada, cansada y le resultaba muy difícil contar su historia. Esta vez su rostro tiene un color más saludable, pero la mirada triste y preocupada es la misma. Margarita tranquiliza al policía federal que la acompaña y se dispone a concederme la entrevista en una sala interna del hotel. El escolta de todas maneras no dejará de vigilar desde afuera, espiando a través de la puerta de cristal, durante las dos horas de nuestra plática.

El 18 de enero de 2013, Margarita fue víctima de una agresión por un grupo de hombres armados con fusiles de alto poder en plena zona centro del Distrito Federal. Eran las cinco de la tarde. Venía acompañada por los dos policías federales que la escoltaban y por su hijo. Se dirigían a las oficinas de la SEIDO (Subprocuraduría Especializada en Investigación de Delincuencia Organizada a partir de septiembre de 2012, antes SEIDO), después de haber comido en el Hotel Hilton, cerca de la Alameda, ahí donde los propios funcionarios de la SEIDO le habían sugerido con cierta insistencia que lo hiciera.

—De repente se nos acerca una camioneta e intenta rebasarnos. En ella viajaban hombres con armas largas que miraban hacia nuestro coche. Intentaron cortarnos el camino varias veces. Afortunadamente, mi chofer es un policía federal que supo evitar el choque —Margarita recuerda los momentos de la persecución con evidente angustia—: yo me puse a gritar. Tenía mucho miedo porque venía mi hijo en el coche y no se tienen que meter con mi familia.

Margarita es madre de una víctima de desaparición forzada. Su cita en la SEIDO es el resultado de casi dos años de lucha en búsqueda de su hija, Yahaira Guadalupe Baena López, secuestrada el 13 de abril de 2011 por un comando de hombres armados en Tlacolula de Matamoros, Oaxaca.

El 18 de enero de 2013, Margarita había logrado reunirse con un grupo de antropólogas forenses argentinas, expertas en el tema de las desapariciones forzadas, a quienes ella misma les pidió que se involucraran. Las especialistas vinieron desde Buenos Aires para tomar muestras de ADN de Margarita y de su hijo y compararlas con las de un cuerpo que las autoridades encontraron algunos meses después de la desaparición de Yahaira, un cuerpo que según la SEIDO es el de su hija.

—Yo nunca lo creí —afirma rotundamente Margarita—, me dio mala espina desde la forma en que me informaron. Después de meses en los que yo tuve que dedicarme a la investigación, pagar informantes hasta en el crimen organizado, gastarme gran parte de mi patrimonio, el 20 de septiembre de 2011 me habló un general de la zona militar de Oaxaca y me dijo que habían encontrado un cuerpo sin cabeza. Que se trataba de mi hija y que fuera a verlo. Yo me sorprendí muchísimo. No esperaba una noticia así y le pregunté si la acababan de asesinar y me dijo que no, que tenía de muerta exactamente el mismo tiempo que mi hija tenía de desaparecida. No había cabeza y sin haber hecho ningún estudio ellos afirmaban que era mi niña. A los tres días me volvieron a hablar porque ya había aparecido la cabeza y según ellos era mi hija, aunque era "irreconocible" ¿Cómo sabían que era ella si era irreconocible? Exigí los estudios de ADN, que salieron positivos, pero ante toda la corrupción que ya había encontrado en mi camino contraté unos médicos para que me ayudaran a hacer estudios de genética, para saber si era realmente mi niña, y salieron negativos los dos, que se hicieron de manera independiente. Por esta razón quise que vinieran las antropólogas forenses argentinas, para hacer una tercera prueba.

Durante casi dos años después de la desaparición de Yahaira, Margarita tuvo que sustituir a las autoridades. Se dedicó a la investigación con todas sus fuerzas.

—Me aboqué a la investigación, contraté informantes en el gobierno del estado, en el gobierno federal, en el ejército y en la misma delincuencia organizada. Mi hija está casada con un militar de las fuerzas especiales. Me esperaba que desde el ejército llegara alguna ayuda, pero no hicieron nada. Todo me costó mucho dinero. Todo lo que logré investigar me llevó a una red de tráfico de muchachitas en el estado de Oaxaca. Encontré un lugar donde había más de 100 muchachitas, entre los 13 y los 21 años de edad. El ejército nunca me quiso ayudar a rescatarlas. Yo no confiaba en el gobierno del estado porque sabía que está involucrado con la delincuencia organizada. Yo al saber ya más de lo que tenía que saber sufrí un atentado ahí en Oaxaca, tuve que salir de ahí, encajuelada, al aeropuerto y de ahí, para acá, a la Ciudad de México hace algunos meses. Ahora nos amedrentan aquí en el D. F.

En noviembre de 2012, Margarita, junto con la mamá de otro joven desaparecido y una abogada que las apoyó, acampó en huelga de hambre durante una semana frente a la Secretaría de Gobernación, para exigir justicia y para que el entonces secretario, Alejandro Poiré (que sustituyó a Blake cuando éste murió en un "accidente" de helicóptero), escuchara sus demandas. Al cumplir una semana, en condiciones físicas muy delicadas, fueron atendidas por Poiré, que se comprometió a ayudarlas en la búsqueda de sus hijos. Con el cambio de administración, poco después, el proceso volvió a cero.

—Es como si no hubiera pasado nada, volvimos al principio. Hasta me da pena regresar del D. F. a mi casa porque mis otros hijos me preguntan si esta vez se pudo hacer algo para encontrar a su hermanita. Y tener que decirles que no, que no ha pasado nada, me da un coraje tremendo.

Para financiar las investigaciones que, como muchas madres de desaparecidos, emprendió debido a la ausencia total del Estado, Margarita tuvo que vender una casa y maquinaria de su empresa de construcción. Dejó de trabajar para encarar una indagación que cada día involucraba un número siempre mayor de policías estatales, ministeriales y funcionarios de todo tipo.

—No es por nada que me quieren dañar o callar. Sé muchas cosas, conozco mucha gente que está involucrada. La autoridad es la única que tiene interés en callarme. Hasta hubo alguien que me acusó de haber inventado el asalto de la semana pasada. Mis escoltas, que son policías federales, están muy enojados, porque entonces ellos también lo inventaron, ¿no? Yo he señalado a muchas personas desde un principio. He señalado desde policías municipales y policías estatales. Prueba de ello es que ya hay dos personas arraigadas y finalmente consignadas. Uno era comandante de la Policía Ministerial y el otro era agente en el grupo de secuestros del estado de Oaxaca y era quien se encargaba de la negociación que hacían las víctimas con los delincuentes. Precisamente él está señalado por otras personas como uno de los que entraron a sacar a mi hija de su casa. Y el comandante de la Policía Ministerial, Onorio Abel Lara, está señalado como la persona que "puso" a mi hija, como se dice vulgarmente, o sea el que dijo que mi hija era michoacana y que ella metería a la Familia Michoacana a tomar la plaza de Oaxaca.

Margarita me enseña las fotos de la boda de su hija, guardadas en una carpeta blanca. Le duele sacarlas. Trata de "verlas sin
verlas", para que yo tenga memoria del rostro de su niña.

Según lo que cuenta Margarita, Yahaira y su esposo habían
recién llegado a Oaxaca de Michoacán, estado del que son ori-
ginarios, cuando a la joven se le acercaron hombres armados
que se ostentaron como funcionarios del DIF (Desarrollo Inte-
gral de la Familia). Le dijeron que habían recibido denuncias
anónimas de que maltrataba a sus niños. Yahaira no tiene hijos,
pero registró esta primera amenaza y se la contó a su mamá.

En las investigaciones que llevó a cabo, Margarita descubrió
que la probable razón de la desaparición de su hija se tiene que
buscar en una mentira inicial.

—Se difundió el rumor de que mi hija pertenecía a la Familia Michoacana y que venía a quitarle la plaza del tráfico de
migrantes y de mujeres, ahí en Oaxaca, a los grupos del crimen
organizado en el estado. Es por esto que se la llevaron. Y todo
lo demás fue para encubrir ese primer error.

Hace cuatro meses, Margarita logró entrevistarse en la cárcel con unos delincuentes que están detenidos por otros cargos.
Los fue a ver porque una de sus fuentes los relacionó con el
caso de Yahaira.

—Me presenté fingiendo ser otra persona —me cuenta—,
ellos me dijeron que habían levantado a mi hija, la habían sacado de su casa, que ellos habían torturado a mi niña durante 10
días, la habían violado, la habían llevado al lugar donde Yahaira iba a ser sepultada y ahí la habían decapitado viva. La niña

había visto ese lugar donde la iban a sepultar. No puedo describir el dolor de escuchar esas cosas sin siquiera estar cierta de que fuera la verdad.

A esos criminales, la SIEDO los había detenido por otro delito. Curiosamente, el agente del Ministerio Público que los arrestó llevaba también el caso de la desaparición de Yahaira. Había detenido a esas personas hacía un año y medio, pero nunca las había relacionado con el caso de la hija de Margarita.

—No sé qué pensar —continúa la mujer con gran entereza—. Hay muchos elementos que no cuadran en sus declaraciones. Creo que es posible que sea una historia inventada. Éste es nuestro Estado de derecho en México. Es lo que vivimos todos los días las madres de México. A esto nos tenemos que enfrentar todos los días. Lo más normal, para la madre de un desaparecido, es que llegue ante el Ministerio Público y le digan simplemente: "Váyase a su casa y deje las cosas como están". No podemos seguir así. Hay miles de madres que no se atreven a denunciar. Hay miles de madres que no se atreven a alzar la voz. Todas las mamás que buscamos a nuestros hijos hacemos la función de policías, hacemos la función de los ministerios públicos. De todo tenemos que hacer. Nos metemos a los lugares que jamás nadie se puede imaginar. Vamos a identificar a un cuerpo de un lado a otro, cuerpos desmembrados, cuerpos en estado de descomposición, lo tenemos que hacer nosotras. Entrar a los Semefos [Servicios Médicos Forenses] en cualquier estado del país para ver los cuerpos apilados, uno encima de otro, con un olor nauseabundo, y ponerse a buscar entre los cuerpos para ver si está nuestra criatura o no. A este grado tenemos que llegar. A tener que buscar en otros países el apoyo que aquí no tenemos.

Los resultados de las pruebas de ADN, que podrían decir la última palabra sobre la identidad del cuerpo que la SEIDO afirma que es el de Yahaira, al mismo tiempo representan una amenaza para todos los funcionarios públicos involucrados en la desaparición forzada de la joven. El cansancio extremo de Margarita se lee en cada uno de sus movimientos. El miedo que vive constantemente, porque sabe que está en la mira de personas muy poderosas, ligadas probablemente con el aparato del Estado, admirablemente la mantiene viva, y su amor de madre anima cada una de sus acciones.

—Peña Nieto tiene la oportunidad de cambiar las cosas —medita en voz alta, sin hacerse ilusiones—, pero al parecer tiene la misma actitud del anterior gobierno. A la semana de que nos juntamos con él para ver lo de la Ley de Víctimas, casi me matan en pleno día, en el mero centro del D. F. No me parece un gran cambio. Un amigo en broma me sugirió que deberíamos ir a pedir ayuda al *Chapo* Guzmán, que él sí tiene la posibilidad de ayudarnos. ¿Con quién tenemos que hablar para que nos escuchen? ¿Con el crimen organizado? ¿El Estado ya no cuenta para nada? Es una vergüenza que las madres y los padres que levantamos la voz para exigir justicia estemos expuestos al riesgo de ser acribillados en la calle. Tenemos compañeros que han sido desaparecidos, asesinados, porque aquí en México no tenemos derecho ni siquiera a levantar la voz y a pedir justicia. Nosotros somos las víctimas y tenemos que hacer una huelga de hambre para que alguien nos escuche. Y lamentablemente, vuelvo a repetir, ya no sólo tenemos que cuidarnos de la delincuencia organizada, tenemos que cuidarnos del mismo gobierno, que siempre, de una o de otra manera, busca cómo callarnos.

VII

Nepomuceno

Al señor Nepomuceno, aun cuando se entrevistó con el hipócrita presidente de aquí de este país, lo matan. Vaya, para qué sirvió esa reunión ahí en el Castillo [de Chapultepec], si han ido eliminando a las personas que estuvieron ahí. Todo el que lucha, los periodistas, todos los que luchan en la denuncia o en la defensa de derechos humanos, están en un riesgo terrible de que les pase algo; y les ha pasado, ha habido ya tanta muerte de personas… Como no los ubicamos ahorita, te digo que se pueden vestir de civil las mismas personas del ejército, dicen, bueno, son Zetas, o son del crimen organizado. Pero, ¿a quién afectaría más la denuncia de estas personas que han muerto? No afectan al crimen organizado porque son activistas políticos; a quien afectan es al Estado, entonces [los del gobierno] se están quitando a los enemigos políticos, porque el defender un derecho aquí ya es político, ya es estar defendiéndose del Estado [Claudia Piedra Ibarra].

Es el 29 de noviembre de 2011. Estoy en el coche, la radio encendida, clavado en el tráfico del Distrito Federal, tratando de entrar al río de acero que fluye por el viaducto Miguel Alemán, cuando escucho la noticia del asesinato de Nepomuceno Moreno, el papá de un joven desaparecido de Sonora. Lo mataron a balazos en Hermosillo.

Después de un par de horas logro llegar a mi casa y empiezo a buscar información en internet para entender qué ha pasado. Nepomuceno es el papá de un joven desaparecido. Lo he visto en la televisión buscando a su hijo, recuerdo un reportaje en el que contaba su historia, sentado en el pasto, con las fotos de Jorge Mario, su hijo, y sus compañeros, que desaparecieron junto con él. Sin dificultad, encuentro la versión taquigráfica de las declaraciones que hizo José Larrinaga Talamantes, vocero de la Procuraduría General de Justicia del estado de Sonora:

… para informarles sobre los hechos que ocurrieron el día de ayer, donde se registró la agresión con arma de fuego en contra del señor Nepomuceno [Moreno] Núñez, de 56 años de edad, cuando circulaba en un vehículo tipo pick-up, Chevrolet, color azul, modelo 1997, en las calles Pesqueira y Reforma en esta ciudad. En hechos ocurridos aproximadamente a las 12:30 hrs., personal de Servicios Periciales de la Procuraduría General de Justicia del Estado recogieron alrededor de 7 casquillos percutidos, calibre 40mm. Y aparentemente, y de acuerdo a los testimoniales, una persona desconocida se acercó al vehículo cuando éste se encontraba haciendo alto en dicho crucero para después agredirlo con disparos de arma de fuego y darse a la fuga con rumbo desconocido.

Dentro de las investigaciones que lleva a cabo la Procuraduría General de Justicia del estado se tiene que la víctima se encontraba denunciando la desaparición de su hijo y lo hacía públicamente, y de dos jóvenes más, y solicitaba asimismo el esclarecimiento de los hechos, mismos que ocurrieron el 30 de julio del 2010 en Ciudad Obregón. Los familiares de las víctimas señalan en su momento, dentro de esta investigación, que él estaba solicitando el esclarecimiento de la desaparición de su hijo; que cuatro jóvenes, entre ellos el hijo de Nepomuceno Moreno, habían salido a Ciudad Obregón y después de ser seguidos por desconocidos abandonaron el vehículo en donde viajaban a la altura de la "Y" griega de Bácum, de donde desaparecieron.

Sólo dos de ellos aparecieron, uno sano y salvo y el otro fue localizado al día siguiente en un canal de riego. Los agentes policíacos que acudieron al sitio, en el vehículo donde viajaban encontraron 18 tarjetas clonadas y robadas por lo que la principal línea de investigación que tiene la Procuraduría General de Justicia del Estado en torno a la desaparición de los jóvenes es la relacionada con la delincuencia organizada. Uno de los jóvenes desaparecidos enfrentó un proceso por robo de vehículo y de esa investigación se aseguraron varios vehículos de lujo a nombre de la novia de una de las personas desaparecidas. Y esta muchacha en su declaración ministerial señaló que los vehículos eran propiedad de uno de los jóvenes desaparecidos. Como les comenté, de los cuatro jóvenes que salieron a Ciudad Obregón, uno de ellos apareció ahogado al día siguiente en un canal de riego en Bácum a donde se habían metido con intenciones de esconderse, identificado como Mario

Díaz Islas, mismo que se vio involucrado en un homicidio ocurrido el 20 de septiembre del 2008 en la Colonia Palmar del Sol [...].

La investigación de esta desaparición del hijo de Nepomuceno se encuentra en trámite y ya han declarado varias personas relacionadas con los hechos, donde aparecen las declaraciones de testigos, mismos que señalan que al hijo del señor Nepomuceno lo vieron por última vez platicando con varios hombres por fuera de un Oxxo en Bácum y de quienes se dijo eran agentes policiacos, sin especificar corporación, pero que al declarar los testigos señalan que estaban vestidos de civil y que el vehículo no tenía siglas de alguna corporación policiaca, ni vieron tampoco que portaban armas.

Esta es una declaración que están haciendo dos testigos de esa tienda Oxxo, además de que están señalando que el hijo de Nepomuceno Moreno se subió al vehículo sin ninguna presión, ningún tipo de violencia. Se hablaba también de una supuesta solicitud de protección por parte del señor Nepomuceno Moreno y en cuanto a esta solicitud de protección no existe en la Procuraduría General de Justicia del Estado ninguna solicitud para tal fin, por lo tanto ninguna de las agencias del Ministerio Público, ni en la Procuraduría, ni en la Policía Estatal Investigadora se presentó a solicitar alguna protección...

Me llama la atención el tono del vocero, la forma en que habla delante de muchos periodistas.

... dentro de esta investigación que se está haciendo en las Agencias del Ministerio Público del Fuero Común de todo el estado, no existe ninguna denuncia de parte del señor Nepomuceno [Moreno] Núñez por supuestas amenazas, pero sabemos que existe una denuncia en la Procuraduría General de la República en la Ciudad de México, de la cual pues no tenemos mayor información. En cuanto al homicidio del señor Nepomuceno Moreno tenemos varias líneas de investigación, todas se encuentran abiertas, siendo una de las más fuertes una relacionada con el crimen organizado dentro y derivado como resultado de la investigación que se tiene debido a que... esta persona, la víctima, había sido detenida en el 2005 en compañía de otras personas que se encontraban armadas como parte de las investigaciones de el homicidio de una persona, de un guardia de seguridad, ocurrido en ese año en el 2005, en el Fraccionamiento los Lagos en esta Ciudad. El señor Nepomuceno Moreno había salido absuelto de esa averiguación previa, no se acreditó su participación en los hechos...

Con el cuerpo de Nepomuceno todavía caliente, el vocero insiste en subrayar y "recordar" a los medios las investigaciones que tenían que ver con su detención en 2005 por un delito que no había cometido. Es un ejemplo más de la criminalización sistemática de las víctimas por parte de las instituciones del Estado. Porque Larrinaga no menciona lo que realmente pasó.

Pescaditos

Nepomuceno tenía una pasión, que era la cocina, y un negocio muy chiquito en Hermosillo. Vendía comida corrida a base de pescado. Su especialidad era cocinar el pescado, de muchas formas, muy ricas. Éste era el modo en que él demostraba su amor a la vida.

Un día, cuando está por cerrar el local, llegan unas personas que estaban ligadas al crimen organizado, pero que Nepomuceno no conocía. Las ve llegar, le piden algo de comer y él con gusto acepta servirles. Conversan, se toman unas cervezas y luego, cuando él cierra su pequeña fonda, los hombres le preguntan por dónde vive, y le dicen "te damos un *ride*". Es de noche y le ofrecen llevarlo a su casa.

Él había sido muy amable, era un hombre muy simpático, amigable, solidario, y les cayó bien, como le caía bien a todo mundo. Le ofrecieron el *aventón* porque les hizo el favor de atenderlos cuando ya estaba a punto de salir. Así que no dudó en irse con ellos. En el camino, sin embargo, los paran en un retén, arrestan a los hombres porque los reconocen y en medio de ellos está él. Pero Nepo no era parte de la banda. Le habían dado un *ride* porque les sirvió comida.

De todos modos pasó un tiempo en la cárcel y al final lo liberaron sin cargo alguno. Totalmente limpio. Pero, ¿qué hace el vocero de la Procuraduría de Sonora en su declaración al día siguiente del asesinato de Nepomuceno? Sacar a relucir el antecedente, que no es tal, porque Nepo sí estuvo en la cárcel, pero sin deberla ni temerla.

Es un caso típico en México, donde hay tanta gente injustamente presa. El vocero lo sabe, por supuesto, pero en su conferencia de prensa omite ese detalle. Leyendo sus declaraciones me indigno, porque conozco la historia de Nepomuceno: me la contó Pietro Ameglio, del Movimiento por la Paz. Pero los que no la conocen se quedan con la impresión de que era un hombre que tuvo problemas con la ley. El infantilismo social de la población genera que la gente se ponga a decir: "¿Lo mataron? Algo habrá hecho". "Quién sabe en qué andaba su hijo." "Quién sabe por qué lo desaparecieron."

Éste es el ejemplo de cómo actúan los representantes de las instituciones en México. La insistencia de Larrinaga Talamantes en manchar la memoria de una víctima de homicidio se antepone a cualquier otra cosa, para que quede este recuerdo en la mente del espectador, el recuerdo de la "vinculación" de Nepomuceno con el crimen organizado.

Ésta es la estrategia que se ha llevado a cabo durante estos años de "guerra al narco": la criminalización de las víctimas. Recuerdo de nuevo las palabras del gobernador de Veracruz, Javier Duarte de Ochoa, después de que aparecieron 35 cuerpos tirados en medio de la calle, en la Glorieta de los Voladores de Papantla, en Boca del Río, el 20 de septiembre de 2011: "Este hecho confirma esta triste realidad, los que eligen mal terminan mal, al final el crimen paga mal".

Por supuesto, después de los primeros días se pudo demostrar que las 35 personas que habían sido destrozadas en Veracruz no pertenecían al crimen organizado, era gente común, estudiantes, comerciantes, profesionistas, pero aun así, incluso si hubieran sido criminales de los más sanguinarios, resultan aberrantes las palabras del gobernador.

Un gobernador es el representante político más importante de una entidad federativa. Afirmar que "se lo merecían por andar de vagos o de criminales" es admitir explícitamente que actores no institucionales disputan al Estado el sistema de la justicia, el control del territorio y el monopolio de la violencia; es aceptar que los actores subversivos tienen todo el derecho de juzgar, condenar a muerte y ejecutar sin proceso a cualquier ciudadano que se les antoje. Sin que el Estado y sus representantes muevan un dedo para evitarlo.

El vocero de la Procuraduría General de Justicia de Sonora está haciendo lo mismo. Ante todo está descalificando a un hombre que ha sido asesinado, para que las aguas negras de la sospecha ensucien su memoria y su dignidad, no de víctima, sino de hombre y de ciudadano. El propósito que se persigue es obvio: que la gente desconfíe de los que denuncian injusticias y que, por lo tanto, no salga a la calle, no se meta en problemas, no proteste y no exija la aplicación de la ley.

Una vez que se ha manchado su dignidad, es más fácil justificar, desde las instituciones, la ejecución extrajudicial de un hombre incómodo, que reclamaba precisamente a las instituciones el derecho de conocer el paradero de su hijo desaparecido. Un hombre que había sido recibido por el mismo presidente de la República, Felipe Calderón, en un encuentro en Chapultepec con familiares de víctimas del Movimiento por la Paz.

Desde el 1° de julio de 2010, Nepomuceno buscaba a su hijo Jorge Mario, que había sido detenido por la policía estatal de

Sonora mientras viajaba hacia Guaymas. Desde entonces desapareció.

Después de haber tocado las puertas de todas las instituciones, Nepomuceno decidió integrarse al Movimiento por la Paz con Justicia y Dignidad, recién nacido, encabezado por el poeta Javier Sicilia. En el Movimiento empezó a participar en las marchas, en las caravanas y actividades de denuncia de las miles de familias víctimas de violencia en México.

Y como parte del grupo de Sicilia llegó a encontrarse con el presidente Calderón, pudo hablarle acerca de la desaparición de su hijo y avisarle que estaba siendo amenazado de muerte por buscarlo. Como escribió José Gil Olmos en la revista *Proceso* el 28 de noviembre de 2011:

Luego del último encuentro con el Ejecutivo, el pasado 14 de octubre, el activista denunció que regresaba a su casa con temor, porque le habían informado que un grupo de hombres armados lo estaba buscando para matarlo. Y eso ocurrió este mediodía. [...] En diversas entrevistas, don Nepomuceno acusó a la policía de Sonora de haber participado en la desaparición de su hijo. Denunció que después del secuestro de Jorge Mario, los captores se comunicaron con él y su hija para pedirles 30 mil pesos a cambio de su liberación. Juntaron el dinero. Cuando unos amigos de su hijo iban a entregarlo a los plagiarios, también los desaparecieron. "El gobierno no ha tenido dignidad. Me comenzaron a perseguir a mí también porque empecé a denunciar. Me manifestaba afuera de mi casa y me comenzaron a amenazar", dijo en una entrevista reciente.

En una breve plática en las oficinas de Servicio para la Paz, donde a veces se reúnen los integrantes del movimiento que encabeza Sicilia, don Nepomuceno comentó que ya sabía que lo querían matar y que se lo había comunicado a su familia. "No me importa, más vale morir en la raya", dijo al reportero días después del encuentro con Felipe Calderón en Chapultepec. Al enterarse del asesinato, el ex ombudsman capitalino, Emilio Álvarez Icaza, informó que se evalúa sacar del país a la familia Moreno, en virtud de que se encuentran en grave riesgo. Con el de don Nepomuceno suman dos los asesinatos de integrantes del Movimiento por la Paz con Justicia y Dignidad, pues el pasado 7 de octubre Pedro Leiva Domínguez, comunero de Santa María Ostula, Michoacán, fue ejecutado a balazos en las inmediaciones del territorio recuperado de Xayakalan. El indígena náhuatl estaba considerado para participar en el encuentro del movimiento con el presidente Felipe Calderón que se realizó el 14 de ese mes en el castillo de Chapultepec.

En la noche escucho las palabras de Javier Sicilia que interviene en *Milenio Noticias* sobre el caso de don Nepo:

Estoy consternado y furioso, indignado pues. Las palabras no me salen, verdaderamente, es el colmo de la imbecilidad pues, ¿qué puedo decir? Nada más que lo asesinaron. Se habían pedido medidas de protección. Había recibido amenazas, él mismo pidió protección. Entonces que no me digan, que el presidente no me diga, y no me porfíe, y los imbéciles gobernadores no porfíen que el crimen organizado está afuera. Está adentro. Y con estas condiciones vamos a ir a las elecciones. Yo les pregunto: ¿qué clase de burla están haciéndole a la ciudadanía? Yo responsabilizo al gobernador [de Sonora] de la muerte de este hombre, que ha sido un gran hombre. Es un ejemplo para la nación. Y lo responsabilizo de su familia. La familia está aterrada, tiene temor, y con justa razón. Y si no puede, ¡que se vaya, pues! La sociedad de Sonora debería de salir a las calles a pedir que se vayan estos canallas porque esto es colusión con el crimen. No es posible que nos asesinen a un hombre así. Y que su hijo además no aparezca y que se le asesine porque está buscando a su hijo. Bueno, ¿en qué país estamos viviendo? ¿Qué Estado es éste? El país en el que estamos viviendo ya es un lodo. Ya no sabemos dónde termina el Estado y dónde empieza el crimen y viceversa. Y mientras las autoridades y los partidos no limpien sus filas, no trabajen realmente para la ciudadanía sino por sus intereses todo es posible, hasta que la policía misma sea responsable. Por esto se nos niega una comisión de la verdad.

Ir con todo

Meses después del asesinato de don Nepomuceno entrevisto al abogado Francisco Romero, del Movimiento por la Paz, en relación con el caso del Vaquero Galáctico al que le está dando seguimiento, en el marco de la investigación que llevo a cabo para este libro (ver capítulo V).

Durante la larga conversación el abogado toca muchos temas con gran profesionalidad y precisión, eligiendo las palabras y los conceptos. Demuestra mucho cuidado, no deja de ser objetivo y da la impresión de ser un hombre que ha visto muchas cosas en su vida, la mayoría de las cuales entiendo que son tremendas.

Hablando del involucramiento del Estado en la desaparición y represión, Francisco se detiene en el caso de Nepomuceno. De repente su voz se hace más baja, la expresión en su rostro más dura, indignada.

—Hay que ir con todo en el caso de Nepomuceno, con todo el nivel de exigencia, con todo el nivel de fuerza que nos da la sociedad, con el nivel de articularnos con otras organizaciones —su mirada es seria, resuelta, es muy silencioso el pequeño jardín del Cencos donde nos encontramos para platicar, un día de julio de 2012—. Es que no podemos dejar el caso de Nepomuceno impune: representa el grado máximo de impunidad de las desapariciones. Mataron a un hombre que estaba buscando a su hijo, ¡y lo mataron después de que habló con el presidente de la República! Esto, y que la sociedad organizada se quede callada… ¡me parece una chingadera!

Ya no se trata sólo de un hombre, entre muchos más, que ha sido asesinado a balazos en medio de la calle, en pleno día, con armas de alto calibre. Es un símbolo.

—Una de las cosas que tiene que hacer el Movimiento y las organizaciones de derechos humanos —el licenciado Romero lo dice sin la menor duda— es reclamar justicia para este caso. Decir, si me matas a alguien que estaba buscando a un desaparecido, no te lo voy a perdonar. Así de claro. Porque es la mejor

manera para defender también a todos los demás desaparecidos y para exigir su búsqueda. Hay que decirle al Estado, no te
vamos a dejar ir, porque si dejo impune el caso de don Nepo,
dejo impunes todas las desapariciones que tenemos en el país.
Sí, señor, así de importante y delicada está la situación. Después
de cierto punto ya no puedes salvarte. Si a Calderón le valió
madres su guerra, pues sí tenemos que decirle que a la sociedad
no le valió madres.

La guerra se siembra, como los desaparecidos. La primera
etapa de un proceso de guerra es el prejuicio social, la última el
genocidio, no todas las guerras acaban en genocidio, pero puede pasar, y en México ahora hay una situación genocida, porque hay un exterminio masivo de población con decenas de
miles de muertos y de desaparecidos.

VIII

Ausencias

Ausencia es un cuarto vacío dejado como estaba cuando la persona que lo habitaba desapareció. Aunque hayan pasado años.

Ausencia es un silencio, cuando se habla de la persona que desapareció. Un silencio que se hace costumbre entre los que la están esperando.

Ausencia es la incertidumbre. Incertidumbre continua, total. Incertidumbre que se manifiesta en aquellos momentos de distracción, en una conversación, cuando hay que elegir un verbo en presente o en pasado y sabes que cualquiera de los dos tiempos es al mismo tiempo el tiempo correcto y equivocado. "Esa playera... era su favorita. *Es* su favorita."

Una indecisión aprisionada entre sentimientos contrastantes. A una madre le gustaría usar un verbo conjugado en un pasado remoto, para recuperar la paz, la serenidad. Pero a veces, la mera tentativa se vuelve contra ella: involuntariamente comete un error indignante, porque ¿cómo se puede una madre equivocar así? ¿Cómo puede referirse a su hijo desaparecido como si ya no existiera? ¿Cómo olvidó que mientras no encuentren su cuerpo seguirá *vivo*?, quién sabe dónde, pero *vivo*. Porque… ¡Vivos se los llevaron y vivos los queremos!, decía la antigua pero vigente consigna del movimiento Eureka, creado por doña Rosario Ibarra de Piedra y las madres que empezaron a buscar a sus hijos desaparecidos ya desde los primeros años de la *guerra sucia*.

Ausencia es también una palabra con fecha de caducidad variable: cuando los familiares de las víctimas tienen que prepararse para recibir una bolsa llena de huesos, un cráneo, vestigios de ropa en estado de putrefacción… restos que por fortuna no corresponden a la persona que les arrebataron.

Platicaba de esto con Blanca Martínez, fundadora de la organización civil Fuerzas Unidas por Nuestros Desaparecidos en Coahuila (Fuundec). Me contaba acerca de lo difícil que es tocar este problema en las reuniones de familiares de víctimas y del debate que se desarrolla, precisamente, cuando se plantea la posibilidad de que no sea un cuerpo con vida lo que se encuentre, sino unos huesos.

—Son momentos de dolor profundo —me confiesa—. El debate se da en unos espacios de silencio, de respeto, como de oración, no sé cómo. Es una experiencia muy fuerte la que generan las familias en esos momentos. Y yo en mi propia reflexión digo, pero ¿qué es esto de la búsqueda de vida? Me pregunto si no seré una irresponsable por seguir secundando la demanda de las familias de buscar vida. A nivel personal, pienso, es muy difícil, por cómo está la situación aquí en Coahuila, que encontremos a todos los desaparecidos vivos.

En las reuniones que se hacen en Fuundec, al igual que en otros centros de apoyo a familiares de víctimas de desaparición forzada, son muchos los momentos de reflexión común, en los que se comparten dolores, frustraciones, pensamientos que sólo alguien que padece lo mismo puede entender a fondo. Blanca, durante nuestro encuentro, no paró de fumar. Encendía un cigarro tras otro, tomando de repente un poco de refresco. Percibía su agobio a simple vista.

—Es que la búsqueda de vida —me dijo— es eso, es vida aunque encuentres restos, porque lo que encuentras de todos modos es la vida. Aunque ya el corazón no lata, pero es tu vida, y mientras te nieguen esa posibilidad de encontrarla… te niegan la posibilidad de vivir. Dicen ellas, las madres: cuando desaparecieron a mi hijo me quitaron una parte del alma, estoy incompleta, y tienen razón, mientras no encuentren esa otra parte de su propia vida van a seguir buscando.

Quienes sean se van organizando, acompañándose, animándose en el dolor y en la esperanza, en la rabia, en la impotencia. Y a lo mejor la búsqueda, y el hallazgo de vida, es eso: aunque sean restos, es vida.

* * *

Ausencia es cuando la gente se aleja de ti porque tienes un desaparecido. Porque no puedes dejar de referirte a él, o a ella. Porque la tristeza y el dolor te absorben y aunque pasen años se quedan ahí en tu mirada, en el fondo de tus ojos.

Una vez, la mamá de un joven originario de Veracruz al que desaparecieron en Nuevo León, me dijo: "Es como cuando un perro está enfermo, que huele a muerte, y los otros perros lo saben y lo alejan. La gente sabe que olemos a muerte y nos alejan". Es una frase dura, que describe la condición de incomunicabilidad del dolor frente a una tragedia aplastante, absoluta, obscena. No se puede explicar ese dolor, pero es un dolor que incomoda a los demás, a quienes no lo sienten. Y les molesta a tal grado que empiezan a alejarse de sus propios amigos o familiares, que tienen un padre, un hijo, un hermano, un novio, un ser que aman, desaparecido.

Ausencia es cuando una mujer busca a su esposo, y sus hijos adolescentes, que perdieron a su padre, empiezan a odiar al padre porque está desaparecido, y a la madre porque lo sigue buscando y sigue hablando de él.

Ausencia es ese sentimiento que se apodera de los hijos, cuando quieren olvidarse de una vez, definitivamente, del padre que sienten que no van a volver a ver. Y la madre los escucha decirse entre ellos: "Quisiera que estuviera muerto, para poder descansar".

Ausencia es llorar en silencio porque ¿cómo podría reprochárselos?

Ausencia es cuando te paraliza el miedo, el terror, durante meses, durante años. De que le pase algo a tu hijo desaparecido. Sentir el terror de que si haces cualquier cosa puedes perjudicar su vida, su salud, su integridad, porque los que lo desaparecieron se enterarán.

O temer que vengan por tus otros hijos, por tu esposa, por ti.

Callarse, guardar silencio durante meses, durante años. Para que se mantenga un poco de tranquilidad en tu familia. Para que la vida siga, de alguna manera.

Y darse cuenta, después de varios años, de que no ha pasado nada. Que nadie te contactó, nadie apareció, nadie te amenazó, y tú perdiste años que hubieran sido importantes para la investigación, para encontrar a tu hijo. Y te sientes culpable de haber perjudicado su vida, su salud, su integridad, por lo que no hiciste.

Y fue tu culpa.

Ausencia son unos niños que tienen que crecer de prisa. Tienen que ser grandes, adultos, ayudar a su madre, a su padre. Niños a los que les desaparecieron un hermano, un padre, y por esto deben sacrificar su niñez en el altar del dolor.

Ausencia es una madre que pierde un hijo, y le dice a los demás: "Perdón, pero ustedes están aquí. Yo tengo que dedicarme al que no está, a buscarlo". Una madre que sacrifica a sus hijos en el altar de la búsqueda.

Ausencia es cuando ves a otros niños y te acuerdas de cómo era el tuyo, al que se llevaron. Los años de su educación, sus defectos, sus gracias. Los momentos bonitos y los momentos de pelea. El recuerdo que no quiere cristalizarse, porque la incertidumbre te hace decir que es un capítulo que no se ha cerrado. Pero se agota el tiempo del futuro, de las cosas que hubieran pasado, que hubieran hecho juntos.

Los verbos "haremos", "iremos", "viviremos", se transforman poco a poco, sin que te des cuenta, en "hubiéramos hecho", "hubiéramos ido", "hubiéramos vivido", sin tener ya un pasado, ni un presente, ni un futuro.

Ausencia es una violación continua. Una tortura que no tiene fin. Una gota que va horadando una roca. Sin piedad.

* * *

Ausencia es criminalizar a las víctimas. Es generar duda sobre la verdadera identidad del ser querido desaparecido o asesinado. Además del sufrimiento y de la incertidumbre de no saber si tu familiar, tu esposo, tu hermano, tu hijo, está comiendo, está durmiendo o ya no vive, tienes que enfrentar la criminalización. La sociedad te da la espalda por una creencia errónea: piensa irreflexivamente que las víctimas de las desapariciones forzadas tenían problemas con la justicia. Lo más común es escuchar: "Bueno, quién sabe en qué se metía" o "seguro andaba de vago".

Rogelio Flores colabora con la revista *Proceso*, es doctor en psicología por la UNAM y acaba de publicar un interesante estudio sobre los traumas y trastornos psicológicos de periodistas, familiares de víctimas y personas que trabajan en organismos de apoyo a víctimas de violencia. Las desapariciones forzadas no son como cualquier tipo de trauma para una familia. En palabras de alguna madre, me dice, "es como si te mataran a tu hijo cada día. Sin saber si te lo han matado".

En la redacción de *Proceso* hablo con el doctor Flores. Me explica cómo el impacto del trauma provocado por las desapariciones es lo más doloroso que un familiar y la sociedad en general pueden sufrir. Según él, la mayoría de las desapariciones forzadas en México terminan en muerte. En este sentido, donde sí hay testimonios es en los familiares de los desaparecidos, "y pues ahí sí, uno como investigador, puede identificar muchos síntomas, sobre todo el más intenso: un duelo no terminado".

El duelo no terminado, agrega, significa que todavía las personas tienen la idea de que su familiar está vivo y lo siguen buscando, pero el no tener un duelo trabajado, concluido, implica un sufrimiento atroz, un sufrimiento que perdura con el paso de los años.

—Mira, hay regiones en el país en donde el número de desaparecidos es abismal, es muy grande, hay comunidades donde hay muchos desaparecidos. El dolor que cargan los familiares es muy fuerte porque saben que su familiar no sólo está desaparecido, sino que sufrió. Sufrió demasiado. Entonces eso es lo que no les permite vivir. Tener ese sufrimiento durante mucho tiempo es muy desgastante.

Ese dolor no resuelto impacta a la esposa, o a la mamá, o al papá del desaparecido. Pero el familiar directamente afectado le transmite a los hijos su dolor, y los niños comienzan a reproducir los síntomas de la madre, quien al mismo tiempo reproduce los síntomas de una sociedad enferma.

—Desgraciadamente, en México —abunda el doctor Flores— el 99 por ciento de las desapariciones forzadas terminan siendo olvidadas, no hay justicia. En la psicología se habla de justicia reparadora, la que sólo pueden procurar las instancias judiciales, que de alguna manera encuentran al responsable de la desaparición y, bueno, nadie te va a recuperar a tu familiar, pero si tienes la sensación de que ya hubo justicia, quedas un poco más tranquilo. Esto, claro está, sólo es en teoría, porque en México eso no ocurre. Aquí, el 99 por ciento de las personas, además de que perdieron un familiar, además de que están padeciendo una serie de circunstancias difíciles, nunca reciben justicia ni reparación.

Cuando una madre ve a su hijo tirado en la calle porque lo ejecutaron, al menos tiene elementos que con el paso del tiempo le permitirán aligerar su dolor, "y si hay justicia mejor, pero sabemos que en este país nunca hay justicia".

En el caso de los desaparecidos el problema es más complicado, porque, como me hace notar Rogelio Flores, se trata de un "duelo eterno", un duelo que no termina. Siempre tendrás la incertidumbre que no te dejará vivir. La madre de un desaparecido piensa: "A lo mejor está vivo, a lo mejor no". Así, todo el tiempo. La razón le dice que está muerto, pero el corazón le dice que sigue vivo. Esto es una tortura sin fin.

—Cuando yo hablo de trauma —recuerda— pienso en una analogía muy ilustrativa, pienso en una cebolla. Pienso que el corazón de la cebolla, que está en el centro, es la víctima directa, la amenazada, la desaparecida, la que va a reproducir una serie de síntomas. La siguiente capa de la cebolla es la familia, la persona o el conjunto de personas que están o que mantienen una cercanía con la víctima. Ellos también van a reproducir síntomas. Pero también hay una tercera capa que son los amigos de los familiares, que tienen un contacto empático con la víctima directa y también van a reproducir síntomas. Entonces, es como un oleaje que va creciendo, va creciendo, y que puede ser interminable y en el caso de México, puede ser hasta un tsunami, en términos metafóricos.

Con extrema precisión, el doctor Flores me muestra cómo en realidad lo que podríamos ver como un problema individual, o como un problema de unas cuantas familias, se transforma en una patología que afecta a una sociedad entera. Una sociedad enferma que guarda en su interior tantos traumas. Y sin más, pasa a sacar rápidas cuentas.

Considerando la conservadora cifra de "sesenta mil muertos" del último sexenio, y los (por lo menos) diez mil desaparecidos, se llega a setenta mil víctimas directas. Ése es el centro de la cebolla. Cada familia en México está formada, por lo menos, por cinco personas. Setenta mil por cinco, son trescientas cincuenta mil personas afectadas de forma directa, la primera capa de la cebolla.

Luego vienen los amigos de la familia. Diez amigos por cada familia es una cifra razonable. Son tres millones y medio de personas afectadas directamente por la muerte o la desaparición. El doctor Flores se refiere a una cifra hipotética de personas que a grandes rasgos pueden ser afectadas directamente por esta situación de violencia. Una cantidad de personas que padecen traumas como si estuvieran en un país en guerra.

A esto llevan los estudios del doctor Flores. México presenta los mismos trastornos psicológicos que se registran en países como Afganistán o Chechenia durante la guerra: paranoia, depresión, síntomas de estrés postraumático. Por otro lado, se puede registrar una especie de "adormecimiento emocional", que dicho más vulgarmente es el aumento del nivel de tolerancia de la violencia. En un contexto donde la desaparición es común, donde las torturas, las decapitaciones, los homicidios, las matanzas, son el pan de cada día, disminuye la capacidad de indignarse, se llega a considerar algo normal, se desgasta y se destruye la capacidad de las personas de rechazar la violencia.

Y formalmente no hay ninguna guerra. No estamos viviendo un conflicto bélico. No pasa nada, como suele decirse.

IX

En tierra de Zetas:
desapariciones forzadas en Coahuila

Llego a Saltillo, capital del estado de Coahuila, en un carro desde Monterrey. El trayecto es breve, menos de una hora por la autopista que atraviesa el desierto, pero me han aconsejado viajar de día, y rápido, porque en este tramo de la carretera México-Laredo se han dado muchos asaltos y secuestros.

La niebla envuelve la ciudad en una atmósfera al mismo tiempo irreal y un poco siniestra. El silencio es lo más sorprendente. Todo parece estar rodeado de algodón. Saltillo es un espejismo con su belleza austera y la niebla que se adueña de las calles. Saltillo, además, es un territorio Zeta. A pesar de su belleza, de la armonía de sus líneas, de la imponente presencia de un desierto fascinante, es una extensión dominada por uno de los grupos criminales más poderosos y violentos del país. Es una ciudad que ya se ha acostumbrado al horror.

En pleno territorio Zeta estoy convencido de que voy a entender algo más sobre la estrategia que utiliza la desaparición forzada como instrumento de terror. Aquí las desapariciones forzadas aumentaron tanto en el sexenio de Felipe Calderón que se fundó la asociación Fuerzas Unidas por Nuestros Desaparecidos en Coahuila, con el apoyo del obispado, para dar ayuda a las tantas familias afectadas.

El obispo Raúl Vera me recibe en su casa; entre las fotos de las comunidades de Chiapas y las instantáneas que lo retratan con Juan Pablo II y Benedicto XVI, está colgada la imagen de una Virgen de Guadalupe, a cuyos pies hay esta leyenda: "Hasta la madre dice: ¡Ya basta!"

Cabello cano, mirada directa, sonrisa al mismo tiempo irónica y cariñosa, se acomoda en una silla para la entrevista. Con calma y precisión me ayuda a ubicar el fenómeno de las desapariciones en un contexto más amplio. Para don Raúl, la estrategia presidencial de Felipe Calderón no ha sido un "error".

—A Calderón no se le fue la situación de las manos, es una estrategia que deliberadamente hicieron sin procuración de justicia, porque la procuración de justicia sí desbarata las mafias, la procuración de justicia sí podía haber llegado a descubrir esta estrategia contrainsurgente. La Comisión Nacional de los Derechos Humanos ha hecho una crítica muy severa a la política de Calderón.

Lo que entiendo, hablando con el obispo de Saltillo, es que sembrar el terror en la población es parte de una estrategia que favorece los intereses de empresas trasnacionales. Y la estrategia pasa a través de una paramilitarización del país, el aumento de la represión por parte del Estado y el incremento de actividades de los grupos criminales contra la población civil.

Pero su razonamiento es más amplio, abarca décadas y gobiernos del pasado, considera un escenario continental, no se limita a la actualidad mexicana. Es un hombre que ha vivido en carne propia la dificultad de mirar al poder a los ojos.

—Cuando vemos tantos militares metidos en la violencia y tanto despliegue militar, y el narco creciendo, y el narco fortaleciéndose, y los asesinatos, y los asaltos, y los secuestros que no paran, nosotros creemos que también es un proceso; desde hace un rato, estamos viendo que es también un proceso contrainsurgente. La estrategia contrainsurgente, la paramilitarización fueron instrumentos del ejército, pero en ese tiempo, todavía estaban en el método de la *guerra de baja intensidad*, sin duda, que ahorita algunas variantes tiene. Ahora, tampoco podemos desligar esto de la desigualdad social que hay y que es espantosa en México; la pobreza ha sido incrementada deliberadamente, la riqueza se va acumulando en pocas manos y se crean millones de pobres. Al mismo tiempo se fortalece al ejército y las policías, porque saben que la reacción popular va a llegar en algún momento. Lo criminal del actual proceso económico es dejar a la gente sin posibilidad mínima de crecer, de desarrollarse. Las personas no solamente están marginadas, las personas son desechables. Por supuesto que la dignidad humana va a reaccionar.

En Coahuila son miles los casos de desaparición forzada de ciudadanos mexicanos, pero el estado es también lugar de tránsito de migrantes centroamericanos que pasan por aquí en su camino a Estados Unidos. En el trayecto son muchas las desapariciones de migrantes, y registrarlas es aún más complicado que monitorear las desapariciones de mexicanos, pues no hay un padrón ni mucho menos de todos los que transitan por México y faltan. Lo único que se sabe con plena certeza es que en Coahuila termina no sólo el viaje sino también la vida de un gran número de migrantes.

Por eso los migrantes centroamericanos son uno de los temas más importantes para la labor pastoral del obispo Raúl Vera. Su experiencia en el campo lo ha transformado en una de las referencias más visibles, a nivel nacional, para todo movimiento que pida un trato más justo para los migrantes. El obispo, en la larga entrevista que parece no cansarlo, va directo al punto:

—Es negocio —afirma, categórico—, el asunto de los migrantes es un negocio, y muy jugoso. Hablando de desaparecidos, la mayoría son personas en edad de trabajo y la mayoría varones. Sí hay mujeres, claro que sí, se llevan también a mujeres, pero la gran mayoría son varones. Y luego son trabajadores, y hasta parece ser que también necesitan ciertas especialidades. Ahorita —recuerda— acaban de capturar a un grupo de empleados de Nextel, pues yo no sé si los necesitan para sus propias redes de comunicación, o sea, como que están armando sus cuarteles, como que necesitan personal para sus cuarteles, necesitan personal para empacar la droga, necesitan personal para sembrar también, para cultivar, y personal también para transportar.

El obispo habla con pasión, tiene en las manos una taza de café de la que durante media hora no logrará tomar ni un trago. En cada momento el contenido de la taza está a punto de salirse por el ardor con el que mueve los brazos:

—A los migrantes los hemos visto asolados por los guardias privados del ferrocarril, luego, asolados por las maras salvatruchas, y ahora, asolados por el crimen organizado y sus secuestros, y todo eso lo han hecho en total impunidad. La lectura que hacemos nosotros es la descarada ayuda que a través de muerte le ofrece México a Estados Unidos para que no lleguen los migrantes a la frontera; ahora, incluso están los Zetas ayudando, porque ahora cobran. Ah, les dicen, ¿quieren pasar?, pues pagan peaje. ¿Por qué saco todo esto a colación? Porque el uso de la violencia también tiene finalidades políticas.

Paredes transparentes

Después de conversar con el obispo, y para obtener una visión más completa del panorama, voy a conocer la Casa del Migrante de Saltillo, apoyada por el mismo obispado. Me recibe su director, Alberto Xicoténcatl. Amigablemente me enseña el lugar donde muchos migrantes encuentran protección y un poco de calor humano en una tierra en la que se sienten constantemente amenazados. Se está jugando un partido de futbol en el patio y es casi hora de cenar. Mientras charlamos, tratamos de identificar la razón de tantas desapariciones.

—Una hipótesis muy cercana a la realidad —aventura Alberto— es el tema del reclutamiento forzado de los migrantes por parte de los grupos del crimen organizado; para tener más recursos económicos, con mano de obra barata de profesionistas o técnicos, lo más sencillo es la esclavitud. ¿Y cómo esclavizo a una persona? Privándola de su libertad; así que muchos migrantes, para ser esclavizados, se vuelven víctimas de desaparición forzada.

Para Xicoténcatl no hay motivos políticos, como en los regímenes autoritarios o militares. Se trata de explotar un recurso humano para trabajos relativos al crimen organizado. Y junto con el deseo de sacar una ganancia económica, al mismo tiempo se difunde el terror en la comunidad, el terror en la población. De esa forma los grupos criminales van controlando la vida social de las ciudades, de los pueblos; las familias y la gente tienen miedo de salir a la calle y de esa forma aumenta el control del territorio. Los Zetas, que dominan Coahuila mediante el terror, le proporcionan a la población conceptos muy simples: "Aquí el que manda soy yo, yo sé quién transita, yo digo a qué hora se transita y quién puede seguir estando presente y quién ya no". Es una forma de control social a través del terror.

En el frío de la tarde, Xicoténcatl deja a un lado por un momento su tranquilidad externa y expresa con sus gestos, con su voz, el ardor que lo mueve:

—Es escalofriante —asegura— lo que está sucediendo con esta nueva esclavitud. Y las instituciones son parte del juego. La población ya asume la colusión entre autoridades y delincuencia organizada. Y los migrantes desaparecidos, a pesar de que están en espacios abiertos, saben que no hay escapatoria, que es como una cárcel... En este aire que parecería libre, al final de cuentas lo que hay son paredes transparentes, que a ellos les cuesta mucho trabajo cruzar, porque saben que una patrulla que pase por la carretera, que una persona que a lo mejor está despachando la gasolina, o la gente que está en la tienda son todos como una red, una red coludida que trabaja de forma voluntaria o forzada para estas bandas y que saben que en esta supuesta libertad se sienten observados y saben que van a ser acusados por cualquier persona, entonces, es una libertad que no existe. Seguramente alrededor de nosotros, alrededor de las pequeñas o grandes ciudades, hay gente que está trabajando en este tipo de situaciones, pero completamente temerosa a decir la verdad.

Al principio los comentarios que recolectaba sobre la colusión entre las policías y las instituciones me hacían pensar en la participación de los niveles más bajos en el crimen. Como días antes declaraba en una entrevista Juan de León Estrada, ex responsable de comunicación social del estado de Coahuila y actualmente subsecretario de Normatividad de Medios de la Secretaría de Gobierno del estado:

Tú eres un elemento de la policía, viene alguien y te dice, a ver, tienes dos opciones: ¿quieres trabajar con nosotros o te matamos?, es plata o plomo. Y las corporaciones de las policías municipales son las más débiles ante esta infiltración. ¿Por qué? Porque el policía municipal todo el mundo sabemos quién es, todos sabemos dónde vive, es vecino de nosotros, sus hijos están en la escuela con los hijos de muchos de nosotros. Entonces, es un elemento muy fácil de ubicar. Por esto son las policías municipales las que más fácilmente son infiltradas por los grupos del crimen organizado, con dinero o con la amenaza de morir. Es muy difícil para un elemento de la policía municipal rehusarse.

A pesar de la opinión de Juan de León Estrada, resulta sin embargo que en Coahuila, en los últimos años, se han dado varios casos de colaboración entre los altos niveles de la administración pública y los Zetas. Uno de los casos más controvertidos y dolorosos ha sido el de la ex subdelegada de la Procuraduría General de la República (PGR) en Saltillo, Claudia González López, que el 15 de febrero de 2012 recibió auto de formal prisión por un juez federal con sede en Toluca, en el Estado de México, acusada de brindar protección a los Zetas.[*]
Al respecto, Alberto Xicoténcatl es muy duro:

—Nosotros estamos muy conscientes de que aquí no únicamente personas de los niveles, digamos, bajos a nivel jerár-

---

[*] http://www.animalpolitico.com/2012/02/dictan-formal-prision-a-ex-delegada-de-la-pgr-acusada-de-nexos-con-los-zetas/#axzz2rq3scZz5.
http://www.zocalo.com.mx/seccion/articulo/formal-prision-a-ex-delegada-de-coahuila.
http://www.vanguardia.com.mx/confirmaprocuraduradetenciondesubdelegadadepgr-1219548.html.

quico, son las únicas que están coludidas. No —de repente sonríe—, aquí fluyen ganancias multimillonarias, que van desde los últimos eslabones de la cadena de mando hasta los más altos. Por ejemplo, en enero de 2012 se descubrió que el hermano del fiscal del estado estaba protegiendo a los Zetas. Y que la entonces subdelegada de la PGR también.

Ambos trabajaban en un equipo que dialogaba con las familias de las víctimas, manejando información sobre todos los casos de desaparición forzada.

—En el mismo equipo que trabajaba la Sedena —continúa Xicoténcatl— también trabajaban los policías municipales. Definitivamente, eran eslabones de la misma cadena, que estaban muy en contacto con la comunidad, desde los policías, pero también sus jefes, es decir, gente de alto nivel también estaba completamente coludida. En todos estos años íbamos constantemente a la Procuraduría a levantar las denuncias, y ¡la delegada Claudia González López era nuestro interlocutor principal! Por ella pasaron todos los casos de secuestros y de desaparición de migrantes de parte del crimen organizado que sucedieron aquí en Coahuila. Ningún caso avanzaba, todos se detenían, todos continuaban en reserva, o si no simplemente nos comentaban: "Pues siguen las investigaciones"; de repente, todo se destapa, asumimos y descubrimos que la persona de la cual la autoridad nos dijo: "Ella es la persona con la cual van a ver todo", también estaba coludida, y sin embargo las autoridades de mayor nivel nos la pusieron de interlocutora. Después dijeron: "Es que sí sabíamos, pero por eso empezamos las investigaciones". Nosotros decimos: "Si tú sabías, ¿por qué nos la pones de interlocutora?, ¿por qué, si hay sospechas fundadas, es ella nuestra interlocutora?" Entonces, definitivamente es que sí hay una cadena de complicidades, de silencios, que deja sin palabras. Si la persona de más alto nivel, que en este caso era la maestra Marisela Morales, que era la procuradora general de la República, tenía conocimiento de que su delegada en Coahuila estaba coludida, aunque la maestra Marisela no esté coludida, su silencio es cómplice. Entonces de forma directa ella es responsable de lo que pasó en Coahuila. Y eso es ser cómplice. Y eso es ser responsable de lo que está pasando. O sea, la autoridad más alta es responsable de lo que está sucediendo, porque su silencio la hace ya parte del delito, aunque no esté directamente relacionada con el crimen organizado, su silencio o su omisión a fin de evitar un escándalo político la hace ser parte de la misma cadena.

Impresionado, le pregunto cuál fue la reacción de las autoridades, cuál fue la respuesta.

—No hay respuesta —me dice Alberto—, sólo hay silencios; nosotros hemos dicho: "Si ustedes sabían, ¿por qué estaba sentada en la mesa de diálogo en el tema de desaparecidos?, ¿por qué estaba sentada en la mesa de diálogo en el tema de secuestros de migrantes? Y no hay respuesta, lo que hay es silencio. La autoridad no sabe qué decir, porque no tiene una respuesta congruente y, obviamente, no hay una respuesta legal. Entonces prefieren permanecer callados.

A un año de la detención de Claudia González fue nombrado un nuevo subdelegado, el abogado Jesús Vega Romero, funcionario de la PGR que estuvo encarcelado durante tres años en el Cefereso de Matamoros presuntamente por proteger a la delincuencia organizada y promover delitos contra la salud cuando ocupó el mismo cargo en el estado de Quintana Roo.*

Vega Romero estuvo recluido durante tres años, junto con el delegado de la PGR de Quintana Roo, Nicolás Hernández Mendoza, quien fue aprehendido dentro del mismo proceso penal —número 301/2009—. Hernández Mendoza fue sentenciado a 25 años de prisión y Jesús Vega Romero fue liberado a finales de 2012, porque no se pudieron encontrar pruebas que confirmaran su complicidad en la protección a grupos de la delincuencia organizada.

En Coahuila, como en otras entidades federativas, se dan a menudo casos de colaboración y protección de funcionarios públicos a grupos del crimen organizado.**

La tierra de Francisco I. Madero al día de hoy es un feudo de los Zetas y de sus referentes políticos e institucionales. La desaparición forzada de personas es una de las tantas formas de control del territorio a través del terror y el silencio que cubre la ciudad de Saltillo no de tranquilidad, sino, mucho me temo, de una especie de aniquilación.

En su plática conmigo, el obispo Raúl Vera, poco antes de irse al Distrito Federal para marchar junto con las madres

---

* http://www.zocalo.com.mx/seccion/articulo/sale-de-la-carcel-para-dirigir-pgr-coahuila-1361440458.
http://www.am.com.mx/leon/local/explicara-pgr-nombramiento-de-delegado-27458.html.
** http://www.cronica.com.mx/notas/2012/644592.html.

de los desaparecidos, declara su desconfianza hacia el futuro de México:

—Lo que se está asomando, como lo dibujó una vez el caricaturista de *La Jornada*, el Fisgón, es que no va a haber una policía política, sino una política policiaca. Es eso lo que va a haber. En el sexenio pasado el papel de Calderón fue terrible, terrible, lo que ha dejado detrás de él es una cosa espantosa, por eso yo dije que es el peor que hemos tenido, el más cruel, el más sanguinario, el más inmisericorde, y le deja abierta la puerta a los que vienen.

Salgo de Saltillo como llegué: en silencio y rápidamente.

X

Lo que queda del *Pozolero*

En febrero hace frío en Tijuana. Es una ciudad pegada al Pacífico, pero no tiene un puerto, sólo un apéndice, el fraccionamiento de las llamadas Playas de Tijuana, que se acuestan algo perezosas a la orilla del mar. En ningún lado se percibe la presencia del océano, como si éste fuera un elemento superfluo, un detalle del que Tijuana podría prescindir sin afectar realmente su esencia de ciudad fronteriza, binacional, antiguo paraíso de los excesos ahora olvidados.

En febrero hace frío, el viento llega húmedo, se mete en la ropa, en los huesos. No pide permiso, no respeta a nadie, sencillamente entra en los cuerpos sin decir cuándo saldrá y siempre te agarra desprevenido.

Hoy es 24 de febrero, el día de la bandera. En la explanada del palacio de gobierno desde temprano se escenifica un ritual que derrocha marcialidad: sus protagonistas necesitan que la gente crea en ellos, de otra forma, desde afuera, si no se comparte esta falta total de humanidad y de ironía, parecen ridículos.

Hay asociaciones militares, jóvenes escoltas, bandas de guerra escolares; muchos soldados fijan su mirada en un punto lejano, adoptando una pose solemne. Hay discursos de representantes políticos y también de generales. Discursos pomposos, una mezcla de retórica nacionalista y populismo. Las cornetas le recuerdan al pueblo que aquí no se juega, que esto es algo sumamente serio.

Niños y niñas vestidos grotescamente de soldados caminan con paso ritmado por los tambores de sus compañeros. Un minuto de silencio. Las autoridades y los altos mandos militares, amontonados en defensa de su celebración, se esfuerzan en la difícil tarea de simular un real interés por el bien de su patria y de su pueblo.

Ahora algunos soldados entregan una bandera reluciente. La vieja bandera es sepultada para dejar que la nueva cobre vida. Un sargento se me acerca. Me hace notar que mis manos están hundidas en los bolsillos de mis pantalones. Según él es una falta de respeto. Que las tengo que sacar de ahí. Que es una ceremonia oficial. Le contesto amablemente que tengo frío. Me mira indignado por esta evidente insubordinación. Me quedo con mis manos donde tratan sin éxito de calentarse. El sargento se aleja un poco, sin quitar la mirada de mí. La ceremonia termina.

Observo una vez a los niños disfrazados de militares: tal vez quisieran jugar futbol en esta estupenda explanada, cancha perfecta para un partido. Veo los rostros orgullosos de sus padres, que los han disfrazado de soldaditos y los han obligado a renunciar a la diversión para que tomen parte en este espectáculo.

* * *

Fernando Ocegueda llega a la explanada jalando una maleta con rueditas. En la maleta, bien guardadas, hay varias lonas. Fotos impresas en lonas con nombres y fechas. Son desaparecidos, cuyos familiares se unieron en la organización que Fernando representa, la Asociación Unidos por los Desaparecidos de Baja California. Entre ellos está también la foto de su hijo. Jala la maleta como si fuera ya una parte de su cuerpo, una extensión de sus brazos. En la mano izquierda sostiene un cigarro encendido y lo fuma rápidamente, dejando en el aire sutiles líneas de humo gris. Más tarde se sienta en el pasto, cerca de un árbol, y me cuenta su caso.

—Bueno —precisa—, no es *mi* caso, es la historia desgarradora de mi hijo. Él fue levantado un día 10 de febrero del 2007. Llegó a mi casa un comando armado, 20 hombres, todos vestidos con el uniforme de la Agencia Federal de Investigaciones, y pues llegaron a mi casa y se lo llevaron. Ese día empezó un infierno para nuestra familia, porque nos fuimos a buscarlo en todas las dependencias de gobierno sin ningún resultado, recibiendo malos tratos por parte de las agencias del Ministerio Público, pero no logramos encontrarlo. Su madre está destrozada. No sé cómo hemos sobrevivido a esta pérdida de nuestro hijo, pero pus nos dio una nueva alternativa de vida: el activismo. Nosotros hemos logrado en el caso de mi hijo que se ejerza la facultad de atracción por parte del gobierno federal. El caso está ahorita en instancias federales, ya tenemos a los secuestradores tras las rejas, hemos hecho algunos interrogatorios respecto a dónde dejaron a mi hijo y por qué hicieron eso, pero se han negado a declarar porque la ley los protege basados en el artículo 20 constitucional, el cual dice que tienen derecho a no declarar; ésa ha sido la traba que hemos tenido hasta ahorita y pues seguimos insistiendo con los secuestradores de mi hijo para que nos digan el lugar donde se encuentra en estos momentos y darle cristiana sepultura. Ya van cinco años, cinco años, el 10 de febrero de 2012 se cumplieron los cinco años del secuestro de mi hijo y hasta la fecha no lo hemos encontrado.

En la explanada terminó la exhibición; los niños, aún disfrazados, juegan a las escondidillas o persiguen y patean pelotas de plástico. Fernando fuma en silencio; es ya su cuarto cigarro desde que empezó a platicar. Con la brasa roja del anterior, enciende la punta del siguiente. Sus dientes y sus dedos tienen manchas amarillas. Dice que antes de que desapareciera su hijo nunca había fumado.

—Le hice una promesa a mi hijo —reitera—, le prometí que lo voy a seguir buscando mientras Dios me dé vida. Su familia lo ama mucho. Yo quiero darle cristiana sepultura, es lo que la vida me puso en esta encrucijada y lo que yo voy a hacer: yo lo voy a encontrar y lo voy a enterrar y después de eso ya no sé qué es lo que voy a hacer.

Fernando llora pronunciando estas palabras y mantiene un largo silencio mientras recupera poco a poco su postura de padre decidido, firme y valiente. Luego de un cigarro más, el quinto, que se fuma en silencio por completo, regresa a la conversación:

—Tenía mucho que no lloraba —sonríe, secándose los ojos—, será que ya me estoy haciendo fuerte ante esta situación, pero hay momentos en que te dan ganas de decirle a la autoridad que son unos hijos de la chingada y que no quieren entrarle al toro porque están en la posición más cómoda, sentados en sus escritorios recibiendo grandes salarios y sin mover un dedo, sin darle ningún apoyo a nosotros, los familiares. No todos aguantamos. El día del padre le pegó mucho el sentimiento a un amigo al que le quitaron a su hijo también. Su esposa salió a misa y cuando regresó encontró a su marido que se había ahorcado. Se ahorcó mi gran amigo, se murió y dejó una carta que no se culpara a nadie, pero que ya no aguantaba la desesperación de ver a su hijo que estaba perdido. Madres de familia que se han tomado cajas llenas de barbitúricos para ya dejar de existir, tenemos mucho casos de personas que están en esta situación y que el pinche gobierno nomás dice: ah, pus llévalo a ayuda psicológica, dale una despensa y vámonos, o sea no, no se trata de eso, no se trata de eso, se trata de que la mejor alegría que le pueden dar a los familiares de desaparecidos es una buena investigación, ubicar dónde están los cuerpos de sus hijos, regresárselos.

Fernando es, de todas las personas que he conocido en este infierno, quien enfrenta con mayor claridad y sencillez el tema de la muerte de los desaparecidos. Para la gran mayoría es mucho más difícil de manejar, en general, la posibilidad o la certeza de la muerte del familiar desaparecido. Para él es una opción posible y probable, pero sabe que, como padre, sólo podrá cerrar el círculo del duelo cuando recupere el cuerpo de su hijo.

Meses después de nuestro primer encuentro, vuelvo a reunirme con él en Tijuana. Esta vez me cita en un lugar terrible: uno de los predios donde actuaba Santiago Meza López, *El Pozolero*. Un 22 de enero de 2009, en el campo turístico Baja Season's, a un costado de la carretera Ensenada-Tijuana, Santiago Meza López empezó a convertirse en una celebridad de fama internacional. Durante un operativo federal, que andaba en pos del capo Teodoro García Simental, ex lugarteniente de Eduardo Arellano Félix y luego jefe de un cártel propio, los militares encontraron a Santiago, a quien la gente de por ahí conocía también como *Chago*.

No opuso resistencia *Chago*. Confesó que su trabajo consistía en disolver a la gente en ácido. De acuerdo con sus propios cálculos, y con base en sus declaraciones, hasta finales de 2008 había desbaratado químicamente más de 300 cadáveres humanos. Por esto se ganó el apodo de *Pozolero*, en macabra referencia al famoso platillo mexicano, preparado con granos blancos de maíz cacahuazintle, pollo o cerdo, cebolla, chile y otros ingredientes.

El Pozolero se dedicaba a desaparecer los cuerpos de quienes habían sido ejecutados, poniéndolos en un recipiente lleno de agua mezclada con sosa cáustica durante al menos 24 horas, hasta lograr su desintegración. El 4 de diciembre de 2012, cuando llego a la cita, Fernando me espera en uno de los terrenos donde *El Pozolero* disolvía gente y me doy cuenta de lo que le ha pasado a muchos desaparecidos. Una camioneta del ejército se estaciona afuera de la pequeña construcción donde Santiago Meza "trabajaba". Un grupo de médicos forenses y especialistas de la PGR, con sus trajes blancos, mascaritas y lentes, descansa después de una intensa sesión de excavaciones. Fernando me explica:

—El olor allá adentro es tan fuerte que uno me cae que no puede comer, porque ese olor se te pega, incluso con tapaboca... Nosotros siempre nos quedamos acá afuera, esperando para ver lo que se va encontrando hora por hora.

Detrás de Fernando, que como de costumbre habla despacio sin dejar de fumar, dos militares pasan lanzando miradas poco amigables hacia nosotros. El predio está al oriente de Tijuana, en una zona de criaderos de gallos de pelea. Desde una casa, a todo volumen, sale el corrido del *Chapo* Guzmán y desde más lejos llegan ladridos de perro. Hay una reja que no podemos pasar: el predio está cerrado. Fernando reconstruye los hechos a partir del momento en que fue descubierto este sitio.

—Nosotros, los familiares, lo encontramos. Dimos aviso y mandaron a los bomberos a que fumigaran la zona —recuerda—. Luego llegaron los militares. Después de fumigar y de sellar todo llegaron los técnicos para empezar la búsqueda. Se quitó la tapa de la fosa que estaba en este lugar. Y luego luego empezaron a descubrir los primeros restos de pedazos de carne deshecha. Al abrir esos pedazos de carne, empezó a salir sangre con la que se llenaron algunas probetas.

Mientras me cuenta esto, manipula una pequeña cámara de fotos y me enseña algunas imágenes que tomó dentro de la casa. Son escalofriantes, se reconocen tejidos, grasa, fragmentos de huesos humanos, en un contexto que se parece mucho más al de una excavación arqueológica.

—Luego empezaron a salir los primeros dientes y los primeros huesos. Aproximadamente van entre 150 y 200 pedazos de hueso, como de dos a tres pulgadas de ancho. Hasta el momento hay alrededor de 80 o 100 dientes. Y, mira, considerando que la pileta que hay en este lugar es de cuatro metros por cuatro metros, hasta ahora se ha revisado, aproximadamente, un metro nada más. Por lo que entiendo, hay otras fosas a las que llegan unos tubos que salen directamente de donde "cocinaban" los cuerpos, y todavía no se han explorado, entonces seguramente el trabajo será largo.

En este lugar, Santiago Meza manifestó que deshizo alrededor de 100 cadáveres, los restos de 100 personas que alguna vez tuvieron un nombre, un rostro, una dentadura, unas huellas digitales. Pero Fernando Ocegueda estima que debe de haber muchos más cuerpos aquí.

—Nosotros, como familiares de desaparecidos, estamos contentos de haber encontrado este lugar. Antes habíamos revisado 33 predios en los últimos dos años. Los cuerpos deshechos que están aquí, según las declaraciones de Santiago Meza, serían de personas deshechas en ácido entre 2005 y 2008. Entonces suponemos que muchas desapariciones que se dieron entre 2005 y 2008 tuvieron este triste final. Desgraciadamente, ya no los vamos a poder encontrar completos, pero estamos apostándole a que las pruebas de ADN que se realicen nos ayuden a comparar las muestras con las de la lista de personas que están en el banco de ADN del D. F. El problema es que no se puede cuantificar todo lo que hizo Santiago Meza porque él empezó desde 1983, cuando trabajaba con un tal Cris, que le enseñó a "pozolear" gente.

"Pero en los ochenta, la gente desaparecida era tirada al mar. Entonces los cuerpos de esa época va a ser muy difícil encontrarlos, pues no queda nada, y si cayeron en manos del *Pozolero* ya han de estar descansando en el Pacífico. En otro lugar que declaró Santiago Meza, los restos iban directamente al drenaje porque era una casa y vaciaban todo al drenaje. Aquí afortunadamente podemos contar con estos restos porque no hay drenaje y todo lo que se hacía quedaba en piletas, almacenado; entonces hubiera sido una desgracia para todos nosotros si hubieran rentado casas con drenaje porque ahora no tendríamos absolutamente nada de materia orgánica para revisar."

La forma aparentemente aséptica de referirse a los restos de personas deshechas habla de los años de búsqueda, de desesperación y de esperanza que ha vivido Fernando. Habla de un dolor constante que lo ha transformado y que le permite continuar su explicación con dureza y frialdad.

—Esto era una pila —quiere decir, un depósito de agua—. Nosotros le quitamos la parte superior, partimos la loseta en cuatro y con una máquina excavadora levantamos la parte superior. La forma en la que está la materia orgánica es como una gran pierna de jamón. Se está revisando con una espátula, con la que se está rebanando, como si rebanaras un pedazo de jamón con un cuchillo. Y donde topas algo duro, lo checas y casi seguro es un diente o un pedazo de hueso. Es un trabajo muy laborioso, muy duro, muy triste. No le deseo a nadie estar haciendo esto.

Ninguno de los vecinos que viven por aquí vio ni oyó nada de lo que pasó entre esas paredes durante años. O por lo menos nadie está dispuesto a decir nada. Fernando Ocegueda me deja para regresar a su búsqueda, pero antes formula una pregunta.

—Santiago Meza fue detenido en 2009, pero después siguieron las desapariciones y los secuestros en Baja California. Entonces, si ya no estaba operando Santiago Meza, ¿dónde están las personas desaparecidas de 2009 a la fecha? Porque, digo yo, si no hay otros pozoleros, ha de haber alguna fosa clandestina, donde los cuerpos estén enteros y no hayan pasado por este tratamiento químico. Y si los encontramos enteros vamos a tener más posibilidad de saber quiénes son.

XI

Alan, segunda parte: cómo acaba una desaparición forzada

Son las once y veinte de la noche. Todavía se escucha gente platicando en el otro cuarto. En mis manos tengo un plato de plástico donde quedan sobras de una pierna de pollo y un poco de mole. No dejé ni un granito de arroz.

Junto a mí, don José Alfredo Cerón está acabando su cena. Ha sacado una botella de tequila. Quiere que brinde con él. Espero que termine su pollo. El mole fue preparado por su suegra y está excelente, se ve que disfruta cada bocado. Después, con toda calma, se levanta y abre la botella. Sirve algunos vasos. También están presentes su hermana, su sobrino y otros miembros de su familia.

—Este cuarto —me dice— lo hizo Alan. Él solito. Yo nomás le dije cómo, pero lo hizo él. Aquella ventana la puso al revés —no puede contener un pequeño brote de risa festiva—. Tuvimos que volver a ponerla porque se abría desde afuera.

Nos acercamos a la ventana. Es una ventana normal. Se abre desde adentro.

—¡Miren esto! —José Alfredo nos enseña el piso. Al principio no veo nada. Es un piso de concreto. Luego entiendo. Hay una huella. Es la huella de unos tenis—. Es la huella de Alan. La quiso dejar cuando acabó. Y aquí, en el otro cuarto, se ve la huella de cuando era bebé. Este cuarto yo lo construí cuando Alan tenía unos dos años. Ahí está su huella.

La segunda huella es más breve, como la de un bebé. Es más definida, como si el pequeño Alan hubiese pujado con toda su fuerza para dejarla bien estampada y está cerca de una mucho más grande, que debe de ser la de José Alfredo. Los parientes la contemplan como si fuera un prodigio.

—Mira, nomás. Dejó sus huellas. Como si supiera…

—Siempre va a estar aquí. Dejó sus huellas en esta casa. ¡Ah, qué Alan!

—Sí, hombre, qué Alan, caray…

Hoy es la última noche del novenario. Mañana en la mañana llevarán la cruz al cementerio. En los últimos nueve días los familiares y amigos de Alan han pasado las noches aquí, en la parte de arriba de su casa, donde vivía su abuela, para decir, recitar, repetir el rosario. Fundamentalmente para recordarlo.

El piso está cubierto de flores y de velas. Por fin, una foto grande de Alan sonriente destaca en la pared. Ha venido toda su familia, hasta del estado de Puebla han venido a despedirlo.

Afuera, en la oscuridad, veo a C., uno de sus amigos, que también fue secuestrado el 24 de diciembre y que logró escapar. Su cara es muy tensa. Tiene la mirada fija en la foto de su amigo y lo mira a través de la ventana con los brazos cruzados sobre el pecho. No se cubre de la lluvia que empieza a caer. No entra en la casa, se queda afuera, junto con los otros compañeros de toda la vida, que también vinieron a despedir a su amigo. Trato de salir a platicar con C., pero en cuanto me ve se aleja. No quiere hablar. Estará aterrorizado, supongo, por lo que podría pasarle si hablara con un periodista. Sabe que tuvo suerte, mucha suerte: pudo escapar. Y sabe también que a la suerte no hay que desafiarla. Por eso se conforma con ver la foto de Alan a través de la ventana. Si no hubiera tenido tanta suerte, tal vez Alan estaría en otra casa de este barrio de Cuernavaca, mirando la foto de C. Sí, podrían estarlo llorando a él en este momento.

Alan fue encontrado en una fosa clandestina de la carretera Iguala-Zumpango. Ahí, detrás de un hospital nuevo, en las afueras de Chilpancingo, lo ejecutaron de un tiro en la cabeza y lo enterraron. Ahí lo hallaron gracias a las declaraciones de un tal Misael, un hombre que confesó ser chofer del comando que fue a recoger a Alan al Ministerio Público de Chilpancingo.

A Misael, según su propia confesión, lo contrataron para manejar una camioneta. Lo llamaron unos tipos apodados *El Nariz* y *El Chivo*. Le dijeron que necesitaban un chofer para un asunto. Misael necesitaba dinero, es campesino; jamás, según dijo, había trabajado con criminales.

Esa noche se reúne con ellos y los lleva en una camioneta al Ministerio Público de Chilpancingo. Desde esa oficina alguien había llamado para avisar que tenían que llevarse a una persona.

La camioneta se detiene afuera del Ministerio Público. En cuanto ven a un joven medio desnudo, *El Nariz* y *El Chivo* se bajan y cerca de la entrada lo agarran, uno por cada lado, y lo trepan al vehículo. Misael maneja sin hacer preguntas. Cuando la camioneta llega a la carretera y se sale de la cinta asfáltica, *El Nariz* y *El Chivo* sacan a Alan por la fuerza mientras Misael los observa sin abrir la boca.

—¿Así que te escapaste, cabrón? —dice *El Nariz*, cogiendo un fierro, y se acerca a Alan. Lo golpea duro. Le rompe una pierna, a la altura del tobillo. Luego la otra. Alan grita. Llora—. ¡Escápate ahora, si puedes, hijo de la chingada! Muchas ganas de correr tenías, ¿verdad?, ¡pues vuélvele a correr, cabrón!

Con las piernas rotas, Alan no puede escapar. Pero puede escarbar. *El Chivo* le entrega una pala.

Alan empieza a cavar una fosa, pero no logra hacerla muy profunda. Los sicarios traen prisa. *El Nariz* está harto. Saca la pistola. La apunta a la cabeza, en la parte superior izquierda. Tira el gatillo. Se acabó.

El cuerpo de Alan cae como un saco en la fosa. Sin ruido. *El Chivo* y *El Nariz* lo cubren con tierra como pueden y se van. Misael maneja. Es la primera vez que participa en algo así y se promete que será la última. Después, en uno de tantos gajes de su oficio, *El Nariz* y *El Chivo* mueren. Misael es el único testigo de lo que pasó con Alan y decide confesar.

Esto es lo que me cuenta el abogado Miguel Ángel Rosete. Desde la última vez que lo vi ha cambiado. Parece más seguro de sí. Más protagónico. Dice que ha "resuelto el caso". Ha encontrado a "uno de los responsables": Misael. Pero no quiere decir de ninguna forma cómo lo localizó.

Ahora viaja en una camioneta que trae placas de la Policía Ministerial. Sostiene que llegó a la solución del caso sin la ayuda de nadie. Es más, la PGR tuvo que utilizar información que él proporcionó, sacada de su investigación, para dar con Misael y con la fosa donde estaba el cuerpo de Alan.

Leo la declaración de Misael. Está escrita en "burocratés", o sea, en idioma de funcionario judicial revuelta con un poco de lenguaje de barrio, por eso algunas partes bien podría haberlas dicho Misael.

Leyéndola, recuerdo súbitamente un día de abril en que viajaba en el taxi de don José Alfredo Cerón. Me estaba enseñando uno por uno los lugares de la balacera que siguió tras la desaparición de su hijo. Calles tortuosas, subidas, bajadas, paredes cuajadas de buganvilias. Me acuerdo de que le pregunté si había recibido alguna amenaza, alguna llamada rara después de la desaparición de su hijo. Se acababa de saber que dos de los sicarios muertos en la balacera eran policías ministeriales de Chilpancingo, así que era fácil pensar en amenazas. Me contestó que sí, que una vez le hablaron a su celular y le dijeron que le iban a cortar la cabeza. En otra ocasión lo llamó un hombre, que decía conocer al licenciado Rosete. Era un ex agente ministerial de Chilpancingo, al que habían corrido de la policía. Quería volver a su empleo y, por eso, le dijo al papá de Alan —cuando el joven tenía casi cuatro meses desaparecido— que le ayudara a recuperar su trabajo: que si el licenciado Rosete y él lo ayudaban, les iba a decir el paradero de Alan en tres días. Don José Alfredo le respondió que no sabía cómo ayudarle. Que mejor se comunicara con el licenciado.

Los padres de Alan llegaron a encadenarse frente al palacio de gobierno de Morelos, el 30 de abril de 2012, para que el gobernador los escuchara. Finalmente los recibió, el 1° de mayo, junto con el abogado Rosete. Luego el gobernador de Morelos fue a hablar con su colega, el gobernador del estado de Guerrero. Y finalmente, el 16 de mayo, aparece un testigo, un chofer, que indica el lugar del entierro clandestino. En la televisión salen agentes de la Policía Federal y el abogado Rosete con chaleco antibalas, buscando el sitio señalado por el testigo ocular. No tardan mucho en hallar un cuerpo que lleva meses ahí.

Medio enterrado y medio momificado. Todavía no se sabe quién es. El abogado Rosete pide las pruebas de ADN. Los resultados demoran un poco, pero cuando llegan son irrefutables. Ya no hay duda. Es oficial. Se trata de Alan Israel Cerón Moreno.

Es el 4 de junio.

El abogado Rosete y yo alcanzamos a la familia de Alan en el cementerio. Están todos los amigos del muchacho. La atmósfera es relajada. La que más me sorprende es doña Rosa María, la mamá de Alan. La última vez que había estado en Cuernavaca todavía no se sabía de la muerte de su hijo. Estaba devastada.

Era imposible imaginar las profundidades de su dolor, me separaba de ella un abismo de silencio.

Ahora está de pie, entre su esposo y su mamá, en el cementerio, llorando la muerte de un hijo. Lleva unas rosas blancas. Su cara es la de una madre que entierra a su hijo y se despide por última vez, pero es un dolor humano. No tiene nada que ver con la mujer que había conocido la primera vez.

Su rostro ahora ha vuelto a conceder un espacio a la sonrisa. La dureza de la tensión, de la incertidumbre, de la duda sin respuesta, se ha ido cayendo. La noticia de la muerte de Alan le llegó como una ola que arrasó un castillo de arena, es cierto, pero ahora puede descansar.

Los amigos de Alan caminan detrás de ella y llevan velas, flores y la cruz de madera que colocan en su tumba. Es una procesión casi alegre. Es como si finalmente todos los que están ahí pudieran respirar después de tanto tiempo aguantando la respiración.

La ceremonia dura poco más de media hora. Se acaba en silencio. Uno de esos silencios cargados de tantas cosas que no se pueden decir. Pasará mucho tiempo antes de que los amigos de Alan puedan hablar libremente del terror que han vivido en estos meses. Del alivio acompañado por el sentido de culpa de saber que a la mejor habrían sido ellos los desaparecidos si la suerte hubiese actuado de otra forma. Saber que le agradecen al cielo que no les haya tocado. Saber algo que no se puede decir y que todos lo saben. Sentirse culpables por esto. Como si por culpa de su buena suerte la desgracia le hubiera tocado a Alan.

Por suerte, ya es tiempo de enterrar muchas cosas junto con el cuerpo de Alan que por fin ha regresado.

* * *

Sólo después de días de plática, de reconstrucción de los hechos paso a paso, el licenciado Rosete suelta una información importante y me dice cómo dio con los restos de Alan.

—A alguien —recuerda de pronto— le urgía ya entregar el cuerpo en las condiciones que fuera, pero no tenía a la persona indicada para poderlo hacer. El hecho es que esta investigación nos llevó a través de informantes y de una tarea ardua, de estar toque y toque puertas, nos llevó con un presunto responsable. Sin embargo, al haber policías en el primer levantamiento de Alan, al haber policías en la Procuraduría en el segundo levantamiento de Alan, al haber policías coludidos con el crimen organizado, se deja una puerta abierta. ¿Por qué digo esto? Porque el ex coordinador de la Policía Ministerial de Chilpancingo, Guerrero, de apellido Urquizo, tenía contacto conmigo y le urgía ayudarme a concluir esta investigación. ¿Qué te quiero decir? Pues que posiblemente haya tenido participación en esta desaparición forzada.

En el momento de la entrevista, realizada en el verano de 2012, ese agente de la Policía Ministerial de Guerrero estaba suspendido de su puesto. Según el informe de la Comisión Nacional de los Derechos Humanos (CNDH) del 9 de enero de 2012* relativo a la represión y los enfrentamientos entre policía federal, policía estatal de Guerrero y estudiantes de la normal rural de Ayotzinapa que bloqueaban la autopista del Sol el 12 de diciembre de 2011, el comandante regional de la Policía Ministerial de Guerrero, David Jesús Urquizo Molina, fue uno de los oficiales de policía que les sembraron armas y torturaron a los estudiantes. En una nota de la revista *Proceso* del 9 de enero de 2012** se lee:

El presidente de la CNDH, Raúl Plascencia Villanueva, señaló en su informe que en el desalojo hubo uso indebido de armas de fuego y un excesivo uso de la fuerza pública en contra de los estudiantes de la normal rural "Isidro Burgos", de Ayotzinapa, Guerrero, que derivó en la muerte de dos normalistas y cuatro lesionados. Además, destacó el ombudsman, debido a estos abusos 14 estudiantes fueron objeto de "tratos crueles", y uno más, de tortura e imputación falsa de delitos.

[...] El organismo defensor de los derechos humanos señaló en su informe previo que en los acontecimientos del 12 de diciembre pasado participaron 165 elementos: 61 eran policías federales; 73, ministeriales; 19, estatales, y 12 preventivos municipales, de los cuales por lo menos 67 portaban armas de fuego.

---

* http://www.cndh.org.mx/sites/all/fuentes/documentos/informes/especiales/Informe_Gro_1.pdf.
** http://www.proceso.com.mx/?p=294326.

Afirmó que todos los policías que participaron en el desalojo "emplearon de manera excesiva la fuerza pública y las armas de fuego [...] sin que existieran evidencias fehacientes de la utilización de protocolos o lineamientos de actuación antimotines".

Con su actuación, sostuvo Plascencia, los policías federales y estatales vulneraron el derecho a la seguridad jurídica, previsto en los artículos 14, párrafo segundo, y 16, párrafo primero, de la Constitución Mexicana; y transgredieron también el Código de Conducta para Funcionarios Encargados de Hacer Cumplir la Ley que establece, en términos generales, que "sólo se podrá hacer uso de la fuerza y de armas de fuego cuando sea estrictamente necesario y en la medida que lo requiera el desempeño de sus tareas".

[...] Asimismo, documentó el caso de Gerardo Torres Pérez, a quien el comandante regional, David Jesús Urquizo Molina, acusó de haber disparado contra los policías con un AK, modelo MSDAKS 762 calibre 772X 39mm.

Sin embargo, de acuerdo con el testimonio del estudiante, fueron los policías quienes le "sembraron" el arma, lo detuvieron, lo golpearon y lo llevaron a una casa abandonada, donde le hicieron disparar el arma en repetidas ocasiones y tocar los casquillos que previamente los policías habían recogido del lugar donde fallecieron los dos estudiantes normalistas.

El día 16 de octubre de 2012, la procuradora del estado de Guerrero, Martha Elva Garzón Bernal (que el 16 de mayo de 2013 renunciaría a su cargo), informó, sin dar a conocer las causas, que los siete funcionarios de la Procuraduría General de Justicia de Guerrero, que habían sido destituidos por el caso de Ayotzinapa, habían sido reinstalados. En la nota del semanario *Proceso* del 16 de octubre de 2012[*] se lee:

> Entre ellos se encuentra el ex comandante de la Policía Ministerial en la región centro, David Jesús Urquizo Molina, a quien la Comisión Nacional de los Derechos Humanos (CNDH) acusó de haber "torturado y sembrado" un fusil AK-47 a un estudiante normalista.
>
> [...] Entrevistada esta mañana al término de un acto público en la sede de la PGJE, la funcionaria estatal dio a conocer que los tres fiscales y cuatro agentes de la Policía Ministerial (PM) cesados por su presunta responsabilidad en "actuaciones irregulares" en el caso Ayotzinapa, ya fueron reinstalados en sus respectivos cargos.
>
> Sin informar las causas, se limitó a decir que los ex funcionarios "ya están trabajando".

Es todo muy simple.

Tenemos un "responsable", que no es el asesino, que no sabe nada de los sicarios porque no está en el ambiente, que sólo trabajó una vez, como chofer, y que no participó en el homicidio ni en la desaparición forzada, pero que sabe dónde está el cuerpo, sabe quién lo mató, y sabe también que los dos sicarios ya están muertos, a pesar de que él no es del entorno, y todos

---

[*] http://www.proceso.com.mx/?p=322810.

sabemos que los muertos no hablan. Gracias a él y a su confesión, que parece un *collage*, encontramos el cuerpo, lo podemos enterrar y los papás se calman y dejan de chingar.

Pero no hay verdad en el caso de Alan, no hay culpables, no hay reparación del daño. No hay justicia. Sólo un cuerpo que ha regresado. Que estaba desaparecido y que ahora está enterrado "cristianamente", al que se puede ir a visitar, al que se puede llorar, por el que se puede rezar.

Y ya es mucho.

Pero no es suficiente.

Fotografía de Rosendo Radilla hallada en la sede de la Afadem en Atoyac de Álvarez, Guerrero.

Tita Radilla, entrevistada en el ex cuartel militar de Atoyac de Álvarez.

Fernando Ocegueda (arriba) frente al predio donde se encontraron los restos de las víctimas de Santiago Meza, *El Pozolero* (abajo), detenido en enero de 2009 en Tijuana, Baja California.

Estatua envuelta con hilo negro por la artista Laura Valencia, en la Ciudad de México. Cada madeja representa el cuerpo de un desaparecido.

Padre Alejandro Solalinde (arriba), entrevistado en Amnistía Internacional en Roma, Italia. Obispo Raúl Vera (abajo), entrevistado en el obispado de Saltillo, Coahuila.

Melchor Flores (arriba), padre del Vaquero Galáctico, durante una entrevista en la Ciudad de México. Nepomuceno Moreno (abajo) en la zona arqueológica de Montealbán, Oaxaca. Detrás de él, a unos pasos, Javier Sicilia.

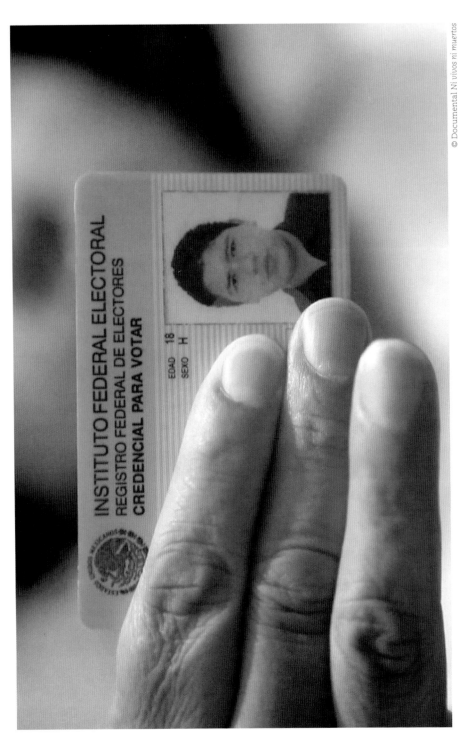

Rosa María Moreno muestra la credencial de elector de su hijo, Alan Cerón Moreno.

Rosa María Moreno y su esposo, José Alfredo Cerón (arriba), encadenados frente al palacio de gobierno del estado de Morelos, pidiendo justicia para Alan. Ambos (derecha) partiendo el pastel de su hijo desaparecido, en Cuernavaca, Morelos.

Rosa María Moreno (arriba) en su casa de Cuernavaca, Morelos, sosteniendo una fotografía en la que aparece su hijo Alan, a quien se le ofició un novenario (abajo).

XII

Nacht und Nebel, niemand gleich (Noche y Niebla, ya no hay nadie)

Es todo un aparato represivo que fue creado especialmente para llevar a cabo la desaparición forzada, fue planeado. Y ahora es igual. La desaparición forzada es algo que creó Hitler con el plan "Noche y Niebla" que es un proyecto para desaparecer a la persona, todos sus documentos, su vida, que no se informara a su familia, sus amigos, que nadie supiera de él. Y eso se aplica aquí y lo terrible es que fue aquí en México por primera vez después de la Segunda Guerra Mundial [Claudia Piedra Ibarra].

En este viaje al infierno aprendí que la desaparición forzada tiene una fecha de nacimiento precisa. Vino al mundo en el seno de la Alemania nazi. Fue alumbrada con el decreto *Nacht und Nebel* (Noche y Niebla) y fue engendrada por la mente monstruosa de Adolf Hitler.

El decreto *Directivas para la persecución de las infracciones cometidas contra el Reich o las Fuerzas de Ocupación en los Territorios Ocupados* (en alemán se escribe así: *Richtlinien für*

*die Verfolgung von Straftaten gegen das Reich oder die Bes-
atzungsmacht in den besetzten Gebieten*) fue firmado el 7 de
diciembre de 1941.

Era una guía para eliminar y desaparecer opositores al régimen,
que teóricamente estaban bajo la protección de la Convención
de Ginebra en calidad de prisioneros de guerra, o simplemente miembros de la resistencia civil en los países invadidos por
las tropas del Tercer Reich. Pronto, el documento fue conocido como *Nacht und Nebel* (Noche y Niebla) o Decreto NN.

Quienes recibían este "tratamiento especial" por parte de
los precursores de la "nueva raza humana" eran deportados en
secreto, sin que hubiera testimonios o registro de los hechos
ni de sus circunstancias. Los llevaban a campos de exterminio,
donde se les reconocía *únicamente* porque en su ropa tenían
cosido con hilo grueso un parche marcado con las letras NN.

Eran los prisioneros NN.

En el libro *Poder sin moral. Historia de las SS* (Seix Barral,
1966), de Reinmund Schnabel, puede leerse este rotundo documento sobre la aplicación de Noche y niebla:

Por el decreto del jefe de Estado Mayor de la Wehrmatch del 12
de diciembre de 1941 sobre la sanción de delitos contra el Reich
o su fuerza de ocupación en los territorios ocupados (llamado
abreviadamente decreto "Noche y niebla"), se ha dispuesto, con
una orden del Führer, que aquellas personas que en territorios
ocupados actúen en contra del Reich o de sus fuerzas de ocupación sean evacuadas al Reich como escarmiento.

A continuación deben ser procesadas por un tribunal especial. En caso de que por cualquier causa esto último no sea factible, serán dichas personas internadas en un campo de concentración bajo prisión preventiva. Ésta durará, por regla general, hasta el fin de la guerra.

Puesto que la finalidad de este decreto es dejar a los familiares, amigos y conocidos del preso en la incertidumbre acerca de su paradero, no se les permitirá ningún contacto con el exterior. Por la misma razón no se les permitirá escribir cartas, ni recibir visitas o paquetes. Por consiguiente no se les dará por entidades ajenas información alguna sobre los presos.

En caso de producirse alguna defunción no habrá de comunicarse a los parientes mientras no se disponga otra cosa.

La decisión definitiva sobre esta cuestión queda, sin embargo, pendiente de resolución.

Tales disposiciones son aplicables a todos aquellos presos para lo que conste en los documentos penales o en los correspondientes certificados de la Oficina de Seguridad Central del Reich que están comprendidos en el decreto "Noche y Niebla"...

Firmado:

Dr. Hoffmann

En una de las leyendas más fabulosas de la tradición alemana, el enano Alberich forja un anillo mágico, que le permite convertirse en amo del bosque y dominar a todos los nibelungos. A veces me pongo a imaginar a Hitler, sentado en su sillón favorito, con los ojos entrecerrados, acariciándose las manos, o su propio anillo, mientras escucha los crujidos de un disco de 78 revoluciones por minuto a través de los cuales la púa del gramófono reproduce alguna grabación de la ópera *El oro del Rin*, de Richard Wagner, su músico predilecto.

El clímax de la obra se precipita cuando Alberich se pone un yelmo, hecho por su hermano Mime, y resulta que el casco también tiene poderes sobrenaturales, pues bajo sus efectos el rey de los nibelungos se transforma en una columna de humo y desaparece cantando: *Nacht und Nebel, niemand gleich.* (Noche y Niebla, ya no hay nadie).

Sinceramente, no se me ocurre otra manera de suponer cómo el melómano y megalómano Hitler concibió el Decreto NN, que tiene tanta vigencia en México hoy en día.

Instrucciones

"En el caso de que las autoridades alemanas o extranjeras se interesaran por estos prisioneros, se deberá contestar que fueron arrestados pero que los procedimientos no permiten más información", precisa una de las líneas maestras del decreto. Era una forma, casi críptica, de instruir a los miembros de la Gestapo y de otros cuerpos del aparato de terror nazi para que violaran la Convención de Ginebra.

En este sentido, fue un instrumento jurídico sumamente innovador, porque facultó a los representantes del Estado para organizar y llevar a cabo, sistemáticamente, la desaparición forzada de personas en secreto, sin dejar testimonios o pruebas. Es decir, concedió a las autoridades el privilegio de aislar en el sitio de su captura, y deportar a Alemania, a soldados enemigos detenidos en sus países de origen.

La consigna era no proporcionar a nadie ninguna información acerca de su paradero, y mucho menos del lugar de su muerte, si fuera el caso. En su libro *Un camp de la mort en France*, Raymond Couraud cuenta cómo el mismo Adolf Hitler declaró la efectividad del plan Noche y Niebla. Según el *Führer*,

el efecto de disuasión de estas medidas [...] radica en que permite la desaparición de los acusados sin dejar rastro y que ninguna información puede ser difundida acerca de su paradero o destino [...] Una intimidación efectiva y duradera sólo se logra por penas de muerte o por medidas que mantengan a los familiares y a la población en la incertidumbre sobre la suerte del reo [y] por la misma razón, la entrega del cuerpo para su entierro en su lugar de origen no es aconsejable, porque el lugar del entierro podrá ser utilizado para manifestaciones. A través de la diseminación de tal terror toda disposición de resistencia entre el pueblo será eliminada.

Éste no es sólo el origen histórico, sino la lógica intrínseca y despiadada de las desapariciones forzadas. Pero hay una diferencia tremenda respecto al pasado. La aberración y la crueldad del régimen nazi preveía una serie de reglas, una formalización de ciertas prácticas, a través de un decreto que implicaba consecuentemente la aceptación de responsabilidad por parte de los agentes del Estado alemán. Estas responsabilidades llevaron a los ejecutores del decreto *Nacht und Nebel* a ser juzgados, en su mayoría, durante el proceso de Núremberg, por delitos contra la humanidad. Los crímenes del Estado fueron reconocidos legalmente; de tal suerte, se individualizó la responsabilidad de quienes los cometieron.

Hoy en México ni siquiera pasa esto. No hay una autoridad que reconozca la paternidad de un plan *Nacht und Nebel* mexicano, aunque en los hechos se esté llevando a cabo a nivel masivo y en todo el país, generando en la población los mismos efectos que imaginó Hitler para sus enemigos: diseminar el terror entre los mexicanos, para que ciertos grupos e instituciones lo aprovechen en su beneficio y obtengan ventajas económicas y políticas. Ésta es la realidad aquí, pero formalmente no pasa nada, lo que una vez más ratifica la plena vigencia del decreto.

Aquí, se puede afirmar categóricamente, la situación es peor que en la Alemania nazi de 1941: en México falta, por principio de cuentas, que el Estado asuma su responsabilidad en esta estrategia del terror, basada en la desaparición forzada de miles, de decenas de miles de personas.

Tratando de hacer un cuadro de México a partir de estos supuestos, es fundamental retomar las palabras del periodista José Reveles. Para este experimentado investigador de campo, que por décadas se ha desenvuelto en el escenario donde ocurren los hechos, estamos frente a una gran descomposición social, con zonas de ingobernabilidad, es decir territorios que no gobiernan las autoridades, sino la delincuencia. Y esa misma delincuencia a veces se alía con autoridades locales.

Pero se vislumbra a la vez una doctrina de conmoción y pavor en México. Si esto es cierto, lo que está ocurriendo, las desapariciones masivas, las decenas de miles de asesinatos, el terror, las decapitaciones, todo esto no se da de manera espontánea, sino como una forma de mantener a la sociedad en pánico, crispada, de tal manera que pueden hacerse reformas totalmente antipopulares, como por ejemplo una Ley Federal del Trabajo que va contra los trabajadores, o una Ley de Seguridad Nacional que implicaría la posibilidad de establecer estados de sitio militares y equiparar con el delito de "terrorismo" las protestas sociales.

Éstas son exactamente las mismas razones que movían al Tercer Reich y su canciller, Adolf Hitler, a operar de forma tan drástica con el Decreto NN a fin de paralizar a la población de los territorios ocupados por los nazis. Esto me trae de nuevo a la mente las palabras de Pietro Ameglio: "Nada es más paralizante que el terror".

* * *

Como ocurría en la Europa ocupada por las sombras asesinas del plan Noche y Niebla, en México, frente a tantas desapariciones forzadas, ya no se puede pensar que se trate de un capricho de la casualidad. La estrategia no requiere una junta militar, con generales de lentes oscuros orquestando planes siniestros. Aquí todo es visible. Se puede afirmar, a la luz de los hechos, que en México convergen muchos intereses estratégicos distintos, que tienen que ver con la explotación de los recursos naturales como el gas, el agua, el petróleo, todo tipo de metales y productos de la minería. Además, son muy importantes las rutas de tránsito, los puertos, el mercado de las drogas (de México hacia Estados Unidos), de las armas (de Estados Unidos a México), la trata de personas, de migrantes.

Lo que se ha analizado en este trabajo es el eslabón final de una cadena, en donde las desapariciones forzadas son funcionales al Estado, y a través de ellas se benefician grandes corporaciones trasnacionales, con intereses enormes en México, para lograr algunos objetivos.

Los objetivos son, ahora como durante el nazismo, el control del territorio, el aplastamiento de los movimientos de oposición, el desplazamiento de los habitantes, la despoblación de lugares y regiones que le pertenecen al pueblo mexicano, a las comunidades indígenas y mestizas.

Bajo el gobierno de Felipe Calderón, durante el cual, según las conservadoras cifras oficiales de la Secretaría de Gobernación, desaparecieron más de 27 000 personas (se trata en la mayoría de los casos de desapariciones forzadas "disfrazadas" de secuestros), la norma ha sido la criminalización de las víctimas, como evidencia el caso de don Nepomuceno Moreno, o el de los muchachos acribillados en 2010 en una fiesta de Villas de Salvárcar, Ciudad Juárez, o el de los cuerpos tirados en 2011 en una glorieta de Boca del Río y miles y miles más.

En el primer año de gobierno de Enrique Peña Nieto, las cifras de desapariciones no disminuyeron: mantuvieron estable el ritmo estadístico que les imprimió Felipe Calderón.

Mientras tanto, territorios enteros se han despoblado. Estados clave como Nuevo León, Coahuila o Tamaulipas, donde el aumento de la violencia desde 2007 ha sido devastador, registran niveles de desapariciones forzadas que en proporción rebasan los números de la dictadura argentina.

Con la recién aprobada reforma energética, el país está listo para recibir inversión extranjera para la explotación de recursos centrales como el petróleo y el gas *shale*, en zonas donde la gente ni siquiera sabe en qué consisten esos grandes proyectos, y tampoco sospecha que éstos se aplicarán en donde antes hubo ranchos ganaderos, tierras de cultivo, pequeñas comunidades que hoy son pueblos fantasmas, y que después de haber sido expropiadas mediante el terror a sus habitantes originales, hoy quizá están escrituradas a nombre de políticos y hombres de negocios que ganarán mucho dinero con la industria de los hidrocarburos.

Es por esta razón que la desaparición forzada, entre otras formas de violencia de Estado, es funcional a los intereses trasnacionales, defendidos por sectores importantes de las instituciones mexicanas.

Es por esta razón que se puede considerar como una estrategia del Estado mexicano en contra de su misma población.

Fotografías

He visto cientos de fotografías en estos años. He visto fotos de cientos de personas desaparecidas, llevadas por sus familiares a todas partes, como si fueran imágenes de santos.

Fotos en forma de carteles, de lonas, o, como en el caso de doña Rosario Ibarra, de collares con la foto en lugar de la piedra preciosa, que como dice ella: "Si no me lo pongo me siento desnuda".

Fotos que nos enfrentan a una realidad que no queremos ver. No sabemos ver. Nos duele y nos avergüenza. En este camino, una de las cosas que más me dolió fue una persona, que consideraba yo un amigo, un hombre sensible, un día en el que yo estaba contando mis avances en el trabajo me dijo: "¡Basta! ¡Basta con estos muertos y con estos desaparecidos! Yo no quiero saber de esto. Quiero que se me hable de cosas bonitas y no sólo de tragedias. ¡Eres deprimente!"

Tras mi sorpresa y enojo inicial por una falta de sensibilidad tan profunda, me puse a reflexionar sobre la reacción de mi conocido. Siguió doliéndome, pero de alguna forma entendí su punto. Deben de ser muchas más de las que yo pensaba, las personas que no quieren ver, que no quieren enterarse, que no quieren saber ni hacerse preguntas.

Es tan doloroso todo esto, consume tanta energía el tema de las desapariciones forzadas que muchos simplemente quieren cerrar los ojos. No ver. No pensar. Sólo desear que ojalá nunca les toque vivir esta tragedia, porque si el destino los alcanza no tendrán más remedio que mirar todas esas fotos, todas las imágenes de gente que ya no está.

Don Nepomuceno Moreno, en una entrevista que le hicieron pocos días antes de que lo asesinaran, decía que le gustaba mucho el poema de Bertolt Brecht, que se le atribuye erróneamente a Bertolt Brecht pero es de un pastor protestante austriaco, Martin Niemöller. Es el poema que habla de la indiferencia, de la necesidad de voltear la mirada para otro lado frente a una barbarie que involucra a todos.

Cuando los nazis vinieron a buscar a los comunistas,
guardé silencio,
porque yo no era comunista.
Cuando encarcelaron a los socialdemócratas,
guardé silencio,
porque yo no era socialdemócrata.
Cuando vinieron a buscar a los sindicalistas,
no protesté,
porque yo no era sindicalista.
Cuando vinieron a buscar a los judíos,
no pronuncié palabra,
porque yo no era judío.
Cuando finalmente vinieron a buscarme a mí,
no había nadie más que pudiera protestar.

Bueno, las fotos de los familiares de los desaparecidos tienen también esta función social. Recordarnos y hacer visible a todos que esas personas no están donde deberían estar. Que esas personas fueron alejadas de sus seres queridos pero que son reales, no son números, no son entidades abstractas.

Estas personas están en el espacio público, ahora en forma de vacío, y su foto recuerda su presencia en ese espacio. Reclama su presencia ahí.

Las fotos son fundamentales.

Varias veces tuve un sueño recurrente en estos meses de investigación. Soñaba a doña Rosa María Moreno, con su foto de Alan bebé en las manos. Se acercaba con su voz tranquila y me decía: "¿No lo ves? ¿No lo reconoces?" Yo me quedaba en silencio, observando la foto de Alan como si se me escapara algo. Como si supiera la respuesta pero no pudiera pronunciarla. Ella seguía mirándome con una sonrisa triste en la cara. "¿A poco no lo reconoces? Es tu hijo. El de la foto es tu hijo. ¿No lo reconoces?"

Y yo finalmente entendía.

Pienso que ésta es la enseñanza más importante que tuve en este largo camino. La desaparición de una persona es una violencia brutal que se hace en contra de todo ciudadano. No sólo porque podría pasarnos lo mismo, lo que es obvio, ni porque esta tragedia podría fulminar a nuestra familia como un relámpago, sino porque realmente es una barbaridad que se comete directa y diariamente en contra de cada uno de nosotros.

No se puede permitir que el terror se vuelva parte de la normalidad, que nos obligue a voltear la mirada para tratar de ignorarlo, que sea aceptado, tolerado, admitido en la cultura popular como la mordida o el soborno, como una injusticia más de las tantas que hay en el mundo. Lo sepamos o no, lo aceptemos o no, debido a la desaparición forzada de personas, de personas que no conocimos, que nunca vimos, que nunca se ganaron nuestra estimación, nuestra indignación o nuestra indiferencia, todos hemos sido lastimados, heridos, vulnerados. Todos padecemos, quizá, una de esas enfermedades que pasan años desapercibidas, creciendo, avanzando dentro del cuerpo, sin que nadie las detecte ni las contrarreste, sin que nadie las descubra, hasta que ya es demasiado tarde.

En un país que ha sufrido lo que está sufriendo México, parecería que ya es demasiado tarde, y lo es, pero al mismo tiempo al final de cada día, cuando regresa la noche y con ella la niebla, las cosas pueden empeorar, siempre pueden empeorar. Más vale que lo aceptemos ahora y no mañana.

Cada uno de los desaparecidos *es* nuestro, nos pertenece, nos lo arrebataron y merece ser encontrado. Porque si no hacemos nada y al final todos desaparecemos, como Alberich con su yelmo mágico que lo transforma en humo, será sólo noche y niebla, y ya no habrá nadie.

XIII

Los 43 de Ayotzinapa

Rheingold! Rheingold!
Reines Gold!
Wie lauter und hell
leuchtest hold du uns!
Um dich, du klares,
wir nun klagen!
Gebt uns das Gold,
o gebt uns das reine zurück!

RICHARD WAGNER, *Das Rheingold**

Los hechos. Acto I, escena I

—Mi nombre es Omar García, soy estudiante de la Normal de Ayotzinapa. Soy sobreviviente de la noche del 26 de septiembre.

---

* ¡Oro del Reno! ¡Oro del Reno! / ¡Oro puro! / Con qué encanto nos iluminabas / Límpido y cristalino/ Para ti, oh, luciente, / ¡ahora lloramos! / ¡Devuélvannos el oro! / ¡Devuélvannos la pura luz! (Richard Wagner, *El oro del Rin*).

En los últimos meses de 2014 Ayotzinapa dejó de ser un lugar para convertirse más bien en una idea, un símbolo. El 26 de septiembre de 2014 es ya una de esas fechas que no necesitan que se especifique el año porque todo el mundo sabe y tiene que saber de qué se trata. Como el 2 de octubre, que es sinónimo de represión. O como el 1° de mayo, que quiere decir justicia social.

26 de septiembre quiere decir desaparición forzada.

Encuentro a Omar a casi cuatro meses del 26 de septiembre. El Distrito Federal vive su momento más hermoso del año. Están floreciendo los árboles de jacaranda. Con las maravillosas flores moradas es casi imposible no sentir algo de amor por esta ciudad. El Parque México, donde entrevisto a Omar una mañana de enero, se está pintando de índigo.

—Pude vivir los acontecimientos de ese día —me dice Omar—: los hechos de Iguala.

No todos. El 26 de septiembre Omar estaba en la normal rural de Ayotzinapa. Sabía que sus compañeros se habían ido a Iguala. Iba a pasar algo importante.

—Teníamos el objetivo de retener más de 20 autobuses porque íbamos a participar en la marcha del 2 de octubre en el D. F., por lo tanto, pues teníamos que emprender la tarea, ¿no?

Retener un autobús quiere decir pararlo, hablar con el chofer, decirle que ya no va a terminar su turno sino que va a "acompañar" a un grupo de jóvenes a otro sitio.

—Imagínate, 20 autobuses son muchos, y además tienes que hacerlo con muchos días de anticipación. Ese tipo de actividad la hemos realizado históricamente desde los años cuarenta.

El objetivo era reunir 20 y ya tenían ocho. Ese día los estudiantes de Ayotzinapa tenían que ir por otros tres y de hecho los retuvieron.

—Lo que ocurrió fue que al llegar a Iguala, en la caseta que viene de México hacia Iguala, mis compañeros retienen al primer autobús y llegan a un acuerdo con el chofer.

El chofer les asegura que se va a ir con ellos a la escuela y les pide llevar primero el pasaje a la central.

—"Sí, está bien, me voy con ustedes, pero déjenme llevar el pasaje", les dice el chofer a los compas. Bueno, nosotros decimos: "Está bien, pero primero vamos a subir a 10 compañeros para que te acompañen y se regresen contigo. No podemos confiar en que te vas a ir y regresar por tu cuenta". Entonces van hacia la central, pero en la central el chofer les juega chueco y los deja encerrados dentro del autobús. Les dijo: "Ahorita vengo, espérenme". Y salió y cerró y no regresó, al contrario, empezó a hacer escándalo afuera, a alertar al gerente y a los guardias diciendo: "Ahí hay ayotzinapos —así lo dice— que vienen a hacer desmadres".

Omar está muy concentrado. Intenta explicar con claridad los acontecimientos de aquel día que cambiaron no sólo su vida, sino la de todo el país. El día que dio pie a que la desaparición forzada de personas se volviera finalmente un tema de interés nacional e internacional. Un tema de discusión que rompe el silencio y destapa la cloaca de un país devastado por las decenas de miles de desaparecidos. El 27 de septiembre se despertó otro México. Un México que se da cuenta de que tiene un gran problema.

—Cuando los compañeros encerrados empiezan a llamar al resto de compas que se habían quedado en la caseta, que son más de 70, éstos se alertan. Les dicen: "Bueno, el chofer nos ha encerrado. Los demás se van para allá a la central de camiones". Llegan a la central, no encuentran al chofer, piden que se abra la puerta, no la abren, rompen la puerta, sacan a los compañeros y deciden ahí mismo tomar los tres autobuses, que de por sí se iban a tomar en carretera. Para hacerlo distribuyen a la gente en los autobuses, algunos salen rumbo al centro, por el periférico norte, y otros dos se van por el periférico sur.

"Ya para esa hora los policías están muy alertados. Llegan los policías, empiezan a querer detenerlos, pero los compañeros no se detienen, siguen por el periférico norte, se aproximan al centro y ahí dicen que es donde estaba la esposa del presidente municipal de Iguala, José Luis Abarca, dando su informe de actividades del DIF y suponen que vamos a boicotearla, por lo cual ordenan que nos detengan a como dé lugar. Los policías comienzan a disparar y a gritar que nos detengamos y no lo logran. No logran detener a los compañeros y siguen los compañeros casi hasta a la salida del periférico norte. Ahí, justo en la esquina, se les atraviesa una patrulla que corresponde al municipio de Cocula y bueno, así los detienen."

Los estudiantes tenían una patrulla de frente atravesada, cinco o seis patrullas detrás de ellos y disparando a los camiones. Omar explica lo que reconstruyeron sus compañeros. Él todavía no estaba presente.

—Algunos de nosotros bajan para ver qué está pasando, los policías no hacen caso, siguen disparando al aire y al piso y en todos esos disparos le toca uno a un compañero que se llama Aldo Gutiérrez Solano [a quien ya le declararon muerte cerebral]. Y bueno, ahí es donde mi compañero me hace la llamada: "Oye, Omar, nos están disparando los policías y ya tenemos un muerto". Comenzamos a organizarnos todos. Nos vamos para Iguala también.

Esto ocurre alrededor de las 20:30. Omar y sus compañeros llegan a Iguala una hora después.

—Después de que cayó el compañero Aldo, las patrullas sometieron a los compañeros que iban en el tercer autobús. El tercero de los tres que iban para el periférico norte. Ese autobús iba casi lleno de compañeros de primer año. Los policías ya los habían sometido en ese momento y los subían a las patrullas. Ahí donde se llevaron a la mayoría de nuestros compañeros que hoy están desaparecidos.

Yunque y martillo. Acto I, escena II

Es el 4 de noviembre de 2014. Dentro de tres días, el procurador general de la República, Jesús Murillo Karam, explicará en conferencia de prensa la postura oficial de la oficina a su cargo en las investigaciones sobre los hechos de Iguala, la desaparición forzada de 43 normalistas de Ayotzinapa. El país está esperando respuestas. El mundo está esperando respuestas.

Decido entrevistar a un importante elemento del mundo castrense mexicano, el general brigadier José Francisco Gallardo,* para que me ayude a entender el papel del Ejército mexicano en la desaparición de los jóvenes.

Gallardo me recibe en el Senado de la República, donde trabaja como asesor de la senadora Layda Sansores, del Partido del Trabajo. En la pared de la oficina de Sansores están los retratos de los 43 normalistas desaparecidos. Gallardo tiene ganas de aportar su testimonio a un acontecimiento que en

---

* "El general José Francisco Gallardo Rodríguez fue detenido en 1993 tras criticar las violaciones de derechos humanos cometidas por las fuerzas armadas mexicanas y proponer la creación de un *ombudsman* militar para investigar estos abusos. Si bien rechazaron los cargos iniciales de difamación presentados por la institución en su contra, los tribunales militares iniciaron varias causas contra Gallardo por fraude y malversación que se remontaban a muchos años atrás. En 1994, Amnistía Internacional adoptó a Gallardo como preso de conciencia. En 1996, la Comisión Interamericana de Derechos Humanos formuló unas recomendaciones a las autoridades mexicanas entre las que figuraba la excarcelación inmediata de Gallardo, la investigación y el castigo de los responsables de su procesamiento y la indemnización del general. Las autoridades mexicanas se negaron a aplicar las recomendaciones y, en 1998, un tribunal militar lo condenó por malversación y fraude y lo condenó a 28 años de cárcel. El 7 de febrero de 2002, el general Gallardo, preso de conciencia detenido durante más de ocho años, fue excarcelado cuando el presidente Vicente Fox ordenó que su pena se redujera al plazo ya cumplido." Fuente: Amnistía Internacional (http://www.amnesty.org/es/library/asset/AMR41/008/2002/es/7699fa9b—faff—11dd—9fca—0d1f97c98a21/amr410082002es.pdf).

poco más de un mes ha logrado romper las barreras del silencio de México y movilizar a miles de personas en todo el mundo que repudian lo acontecido y expresan su solidaridad con marchas, *flash mobs*, encuentros, debates.

Con actitud militar —a pesar de que trabaja como analista político y profesor de la UNAM desde hace muchos años—, Gallardo es pragmático, asertivo, y va rápidamente al punto de la cuestión.

—Desde que pasó *el detalle* que pasó, yo dije: fue el Ejército el que realizó la desaparición, pues hicieron una maniobra militar.

Para mí su declaración es una bomba. El Ejército todavía no ha sido involucrado en la desaparición de los 43 normalistas; en los medios sólo se habla de criminales del grupo Guerreros Unidos, del presidente municipal José Luis Abarca y de su esposa, María de los Ángeles Pineda, pero no del Ejército. En este país el Ejército es un tabú y no se toca. Pero Gallardo no tiene dudas:

—Yo platiqué con gente al día siguiente, gente que estuvo ahí, que presenció los hechos. Vinieron a mi oficina y platicaron conmigo. Estoy seguro de que fue el Ejército.

Con cierto cuidado le pregunto si puedo publicar todas sus afirmaciones, o si lo que está diciendo quiere que sea *off the record*. Me dice que no me preocupe, que todo es *on the record*, lo puedo publicar tal cual con su nombre. Y tiene mucho más que decirme:

—La policía en México está militarizada. Allí hay policía municipal, hay civiles, pero están militarizados. A todos los policías de la región los concentran para hacer cursos en la zona militar de Tlaxcala, donde hay un centro de adiestramiento. Pero ¿por qué a los policías civiles los mandan a adiestrar a la zona militar? ¡Porque son militares! Todo este show, agarrar al presidente municipal José Luis Abarca, encontrar a un único culpable, es para que no se concentre la mirada en el Ejército.

El general Gallardo es categórico: se trata de una maniobra militar y las policías están militarizadas, pero ¿para qué?

—Porque no hay un control democrático de las fuerzas armadas. Un Estado democrático controla sus fuerzas armadas a través del Congreso, no lo hace el Ejecutivo. ¿Quieren hacer una policía nacional con mando único? ¡Ya está! Es el Ejército, y ya tienen el mando único, que es el embajador de Estados Unidos en México. Él es quien dicta las políticas de seguridad del Estado. El señor embajador manda a llamar al secretario de Gobernación, al de Defensa, al de Marina, y les golpea la mesa. Se va a hacer esto y se va a hacer así.

—¿Esto es un decir o es literal?

—No, no, no, ¡es un hecho real! ¿Quién estuvo en Michoacán en octubre pasado? El embajador de Estados Unidos, sentado frente al comisionado Alfredo Castillo [sustituido en enero de 2015 por el general Felipe Gurrola, *ndr*], lo que es inconstitucional, junto al jefe de seguridad pública, frente al gobernador interino, diciéndoles: "¿Qué onda con Michoacán? A ver, cuentas acá", y en vez de que el Estado soberano realice estas funciones de defensa nacional, las está haciendo el embajador de Estados Unidos. Por eso Enrique Peña Nieto tiene galardones de mejor estadista del mundo. ¿Cómo no?, si entregó el país...

Todavía es el 4 de noviembre. En un par de días el procurador Murillo Karam tendrá una cita muy importante. El 6 de noviembre, mientras el presidente Enrique Peña Nieto se encuentra en viaje de Estado en China y Australia, Murillo Karam se reunirá con el señor embajador de Estados Unidos de América en México, míster Earl Anthony *Tony* Wayne, para platicar un asunto de la mayor importancia: la conferencia de prensa de la PGR sobre los hechos de Iguala que se llevará a cabo al día siguiente, el 7 de noviembre, y que tendrá consecuencias enormes en México.*

Este dato pasará casi desapercibido en la prensa nacional, pero de alguna forma está muy en línea con los argumentos del general Gallardo, quien no contaba con esa información al momento de nuestra plática. Lo que sí tiene el general Gallardo es una idea muy clara de lo que debe y no debe hacer el Ejército. En los países democráticos, los ejércitos no cumplen funciones de orden interno, que son de carácter civil.

El artículo 89 de la Constitución mexicana señala que el presidente de la República tiene la facultad de utilizar la "máxima fuerza del Estado" para seguridad interior o seguridad nacional. O sea a las tres fuerzas armadas. Pero hay otros artículos que

---

* http://www.eluniversal.com.mx/nacion—mexico/2014/se—reunen—murillo—karam—con—anthony—wayne—1052121.html.

dicen que debe intervenir el Senado de la República, declaran
do el estado de excepción, y este documento político-jurídico
es el que permite al Congreso regular el manejo de las fuerzas
armadas en los asuntos de orden interno.

—El Senado nunca firmó formalmente nada por el estilo —sigue razonando Gallardo—, pero en México el estado deexcepción es *de facto*. Y ahí vienen las broncas. Si es *de
facto* no hay controles. ¿A quién le rinde cuentas el Ejército?
A nadie.

La Secretaría de la Defensa Nacional no se puede autorre-
gular.

La función del Ejército en todos los estados democráticos
es defender la integridad territorial y la defensa nacional.

—En un Estado democrático las armas no apuntan hacia
dentro, apuntan hacia fuera —concluye Gallardo—. Simón
Bolívar dijo que un soldado que apunta sus armas a su pueblo
es un soldado maldito. ¿Por qué en México el Ejército reali-
za funciones de policía? La función de la policía es de carácter administrativo único y exclusivo de la autoridad civil. Si el
Ejército está afuera, en las calles, es porque la autoridad civil ha
sido negligente. La justificación es que "la policía es corrupta
e inoperante". También el Ejército es corrupto e inoperante.
Y más ahora. Y el asunto de carácter estratégico es que ahora
no tenemos Ejército que cumpla las funciones del Ejército. El
Ejército mexicano ya no existe, tenemos a una policía militar.
Además, está subordinado a las políticas de seguridad de Estados Unidos a través de la Iniciativa Mérida.

Le sigo preguntando sobre Iguala. En los medios y entre los familiares de los jóvenes desaparecidos se empieza a hablar de omisiones del Ejército, que no ayudó a los estudiantes cuando pidieron auxilio, durante y después de la balacera. Si es cierto lo que sostiene Gallardo, no se trataría de una responsabilidad del Ejército sólo por omisión.

—No, para nada. Son cómplices. Ahí te va la maniobra que a mí me platicaron. Los estudiantes normalmente toman vehículos "prestados". Está mal, pero bueno, los toman y se iban a meter a Chilpancingo. La policía, el Ejército y todas las fuerzas de seguridad los detienen y los empiezan a empujar hacia Iguala, por la carretera. Pasan un puente, y pasando el puente hay un retén de la Policía Federal. Un retén militar vestido de policía, mejor dicho. Pasan, los sigue empujando la misma gente, y llegan y los detiene otro retén que estaba enfrente del cuartel del 27 batallón de infantería que está ahí. Y ahí es donde pasan todos los *detalles*.

"Ésa fue una maniobra que se llama 'yunque y martillo', que se usa en la guerra de guerrillas. El que detiene es el yunque, el que golpea es el martillo. Los estudiantes dijeron: 'Aquí está el Ejército, nos van a ayudar'. Y no los ayudaron. Fueron a las clínicas a pedir auxilio y tampoco los ayudaron. En ningún lado los ayudaron. ¿De qué se trata? ¿Por qué lo hicieron así?

"Pensaron que no iba a pasar nada. Un chavo que vino aquí me platicó y me dijo: 'Cuando detuvieron el camión, se bajó un compañero de nosotros a discutir con la policía y le preguntó por qué los estaban deteniendo. Y discutiendo le dieron un tiro en la cabeza, un francotirador'. ¿Cómo lo ves?"

—Es muy cierto esto, así como dice el general, que conoce de estrategia militar —quien habla es un hombre de traje que desde el inicio de la conversación está sentado entre el general Gallardo y yo. Casi todo el tiempo que llevo entrevistando a Gallardo ha guardado silencio. Se ha presentado como Jesús Moisés González, pero el general se refiere a él como *el Doctor*. Y ahora *el Doctor* toma la palabra de manera decidida—: La estrategia civil es la siguiente. No existe un solo camión que recorra las carreteras federales o estatales sin que lo sepa el Cisen. No existe. Si un grupo se mueve en determinada región, el delegado del estado, a través de las subdelegaciones del Cisen, está informando a la ciudad de México en tiempo real qué movimiento y qué trayectoria tiene, cuánta gente va y quién encabeza, si traen mantas o la placa del vehículo. Se le da un seguimiento a estos camiones desde que parten desde un punto A hasta un punto B, y aun cruzando algún otro estado, el encargado de ese estado, es decir el delegado en turno, tiene que seguir dando el seguimiento hacia donde vaya el camión. ¡Más aún si es un camión tomado! Se les hace el seguimiento a través de vehículos y motocicletas. La cuestión es ésta: no es posible que estuviera ocurriendo el *incidente* y que no se haya avisado al Cisen en tiempo real. Punto número dos, y algo tan grave como esto: tienen computadoras instaladas en los vehículos para que a cada momento estén mandando, vía satélite, imágenes e información por escrito que en tres segundos llegan a las oficinas del Cisen. Así es como se opera.

—Y usted lo sabe porque...

—También soy asesor de la senadora y lo sé porque fui entrenado en el Cisen. Mi último cargo fue subdelegado de seguridad nacional. Lo sé porque lo viví. Era mi trabajo. No existe un camión que corra por una carretera sin que el Cisen sepa de quién se trata. No existe. No existe. No existe. Esto es la creación de la fábula.

Omar me lo va a decir casi tres meses después de esta conversación, y su versión de los hechos coincidirá con la versión de los dos funcionarios:

—Nosotros llegamos de Ayotzinapa una hora después porque obviamente nos alertamos —recuerda Omar, sentado en una banca del Parque México—. Está pasando algo, pensamos lo peor. Cuando llegamos a Iguala nos dicen que las patrullas se llevaron a los compañeros. Los policías se los llevaron. Y nosotros dijimos: "Bueno, tranquilos, mañana vamos por ellos, seguro los tienen en la cárcel". Y preguntamos por el compañero al que le dieron el balazo en la cabeza y dicen: "Se lo llevaron al hospital. No estamos seguros si está vivo o si está muerto, pero se lo llevaron al hospital, por lo cual hay que ir a buscarlo también, hay que ir a cerciorarse".

"Y bueno, no pudimos retirarnos porque no había ninguna corporación del Ministerio Público ni nada para resguardar el lugar, los casquillos 9 milímetros de R15, la sangre de nuestros compañeros estaba ahí y temíamos que pudieran llegar los policías, que todavía andaban rondando e intimidando por ahí, a recoger y borrar las pruebas. Nosotros rogábamos que llegara la prensa a tomar evidencias de lo que había ocurrido. Y pues no llegó —Omar sonríe—. Ése fue el *problemita*, ¿no? Los periodistas llegaron casi a las once, once y media, a hacer las entrevistas y todo, y entonces de nuevo hay otra balacera a las once y media o doce de la noche. Otra vez se sienten las ráfagas."

Sigan viendo la pantalla. Acto I, escena III

La sala en la PGR está llena de cámaras, micrófonos, periodistas. En el escenario hay un podio blanco. El escudo tricolor. Un hombre detrás del podio. Traje azul con listones color yeso, corbata roja. Es el procurador general de la República, Jesús Murillo Karam. A su derecha, una gran pantalla de televisión. Comienza...*

Hoy se cumplen 33 días desde que la Fiscalía de Guerrero declinó la competencia y le turnó a la Procuraduría General de la República la investigación sobre los hechos delictivos ocurridos entre el 27 [*sic*] y el 27 de septiembre en Iguala, Guerrero; han sido 33 días muy difíciles y dolorosos, sobre todo para quienes no saben

* Video disponible en Youtube: https://www.youtube.com/watch?v=rDiPRlOgwt8.

el paradero de sus hijos, pero también 33 días en los que no se ha dejado un día sin que haya habido una acción de búsqueda, sin que haya habido una acción con el propósito de encontrar a los desaparecidos por parte del gobierno de la República [sic].

Como podemos apreciar en el mapa, el grupo de jóvenes salió a bordo de dos camiones Estrella de Oro de la Escuela Normal Rural Isidro Burgos en Ayotzinapa, rumbo a la entrada de la ciudad de Iguala; posteriormente se trasladaron a la terminal de autobuses, donde tomaron otros dos camiones de una empresa.

El ex presidente municipal de Iguala, quien tenía asignado en la comunicación interna de la Policía Municipal el código A-5, fue quien dio la orden a los policías municipales de contener a las personas que viajaban en esos cuatro camiones, según declara el propio operador de la central de radio de la Policía Municipal de Iguala, David Hernández Cruz, y lo ratifica uno de los vigilantes que ellos conocen como *halcones*, que recibía comunicación.

Es en este mismo evento, como se ha informado, [cuando] los policías municipales de Iguala privaron de la vida a tres normalistas. El ex presidente municipal se encontraba en esos momentos en el informe que daba su esposa sobre sus actividades frente al DIF municipal. Se avanza en la investigación sobre María de los Ángeles Pineda por su relación con el delito de operaciones con recursos de procedencia ilícita junto con su esposo.

Después del primer incidente que sufren los normalistas y al continuar su camino en los autobuses, elementos de la Policía Municipal de Iguala los retiene [sic] con violencia y los traslada [sic] a la central policiaca, desde ese punto y con apoyo de la

Policía Municipal de Cocula, trasladan en patrullas de los municipios al grupo de jóvenes hasta un punto entre Iguala y Cocula en que se abre una brecha hacia la zona que se denomina Loma de Coyote, la cual también está señalada en el mapa que se muestra.

Ha quedado acreditado por las investigaciones del Ministerio Público Federal que en este punto, entre Iguala y Cocula, los policías municipales entregaron a los detenidos a miembros del grupo criminal Guerreros Unidos.

Es ahí donde, según el señor procurador, los mataron, los hicieron pedazos, los quemaron durante 15 horas y tiraron sus restos en un basurero de la localidad de Cocula, a pocos kilómetros de Iguala.

La afirmación más contundente del encargado de la PGR es la total falta de responsabilidad del Estado en el caso de la desaparición forzada y de la ejecución extrajudicial (supuesta) de los 43 jóvenes: "Iguala no es el Estado mexicano", afirma Murillo Karam frente a las cámaras, contestando una pregunta, reiterando el deslinde total de responsabilidad de la cadena de mando y la obvia participación de la policía municipal y del presidente municipal de Iguala. Murillo Karam subraya que éste y los elementos de la corporación a su cargo son los únicos culpables del delito. El procurador lo sostendría así tras el arresto del alcalde José Luis Abarca, y de su esposa, María de los Ángeles Pineda Villa, en la ciudad de México, el 4 de noviembre, tres días antes de esta conferencia de prensa.

Un periodista tímidamente se atreve a preguntar qué papel desempeñó el Ejército. Murillo Karam parece molesto por la pregunta. En pocos segundos agota el tema. Según dice, el Ejército no tiene que ver de ninguna forma con los acontecimientos de Iguala.

—El Ejército se mueve sólo con órdenes —afirma con vehemencia—. ¿Qué hubiera pasado si hubiera salido? ¿A quién hubiera apoyado? Obviamente a la autoridad. ¡Qué bueno que no salió!

Y, como si no hubiera reparado en lo que acababa de decir, prosigue:

El hoy detenido, Sidronio Casarrubias Salgado, líder de ese grupo criminal, como lo refiere en su declaración, fue contactado por su lugarteniente, de nombre Gildardo López Astudillo, conocido como *El Gil*, quien le informó vía mensaje celular, los conflictos que se estaban suscitando en Iguala, atribuyéndoselos al grupo delictivo contrario. Casarrubias Salgado fue quien avaló las acciones para, entre comillas, defender su territorio.

Pueden ver en pantalla las fotografías de los señalados y me interesa que vean en específico la de Gildardo López Astudillo, conocido como *El Gil*, porque es la primera vez que se publica y para esta procuraduría sería de la mayor importancia la colaboración del público en la búsqueda de este individuo. La foto en un momento más la verán, y si me permiten, continúo —promete y agrega en forma disruptiva—: las más recientes detenciones entre las que figuran los tres autores materiales mencionados nos han permitido conocer la última etapa de la cadena delictiva que hasta este momento tenemos.

Los últimos tres detenidos declaran que en la brecha que lleva al paraje Loma de Coyote, recibieron de los policías municipales a un número de personas que no pueden precisar con exactitud, pero que uno de los detenidos estimó en su declaración, en más de 40 personas, ésta es parte de su declaración.

Como observamos en el mapa, en lugar de tomar el camino a Pueblo Viejo, lugar que fue en primera instancia señalado por la Fiscalía del Estado de Guerrero, los detenidos señalan que tomaron la carretera con dirección a Cocula, para posteriormente dirigirse al basurero de ese municipio. Declaran también que los subieron a un vehículo con capacidad de carga de 3.5 toneladas y a otra camioneta de carga menor.

En estos vehículos los condujeron al basurero señalado, que es un barranco oculto a la vista y que para entrar a él se tiene que abrir una reja que limita el acceso al público o al predio [*sic*]. En pantalla pueden apreciarse las imágenes de las camionetas utilizadas en el basurero de Cocula.

Uno de los delincuentes, quien tenía designada la función de *halcón* informante, declara haberlos visto pasar por el punto en que él tenía la encomienda de vigilar. Dos de los detenidos declaran que algunas de las personas que trasladaron al basurero de Cocula llegaron sin vida o inconscientes y que los otros fueron interrogados por integrantes del grupo criminal para determinar quiénes eran y las razones de su llegada a Iguala.

Después de estas imágenes veremos las imágenes de esta declaración.

Los documentos, los detenidos, perdón, señalan que en ese lugar privaron de la vida a los sobrevivientes y posteriormente los arrojaron a la parte baja del basurero, donde quemaron los cuerpos; hicieron guardias y relevos para asegurar que el fuego durara horas, arrojándole diesel, gasolina, llantas, leña, plástico, entre otros elementos que se encontraron en el paraje.

El fuego, según declaraciones, duró desde la media noche hasta aproximadamente las 14 horas del día siguiente, según uno de los detenidos, y otro dice que hasta las 15 horas del día 27 de septiembre. Por el calor que desprendía el área, los delincuentes no pudieron manipular los restos de los cuerpos, sino hasta cerca de las cinco y media de la tarde, según sus propias declaraciones. Cuando los peritos analizaron el lugar, encontraron cenizas y restos óseos que, por las características que tienen, corresponden a fragmentos de restos humanos. También aquí están las imágenes.

Continuando con el relato de los hechos, los detenidos declaran que cuando bajan al lugar donde se habían arrojado y quemado los cuerpos, recibieron la orden de quien apodan *El Terco*, de fracturar los restos de los huesos calcinados para ser depositados en bolsas de basura negras. Según sus declaraciones, estas bolsas fueron vaciadas en el río San Juan, salvo dos, que uno de los declarantes dice haber arrojado completas.

Fuerzas federales, investigadores y peritos recorrieron la zona señalada por los detenidos, como ustedes lo acaban de ver en las imágenes, hicieron en el Río San Juan una búsqueda exhaustiva.

En esta búsqueda y en el cumplimiento de su deber, por desgracia para las instituciones, falleció ahogado un elemento de la Policía Federal. Buzos de la Armada de México y peritos, tanto mexicanos como argentinos, encontraron restos de las bolsas y su contenido, una de ellas permanecía cerrada, misma que contenía elementos óseos, que hoy podemos confirmar que por sus características corresponden a restos humanos. Les pido sigan viendo las imágenes.

A decir de los peritos, el alto nivel de degradación causado por el fuego a los restos encontrados hace muy difícil la extracción de ADN que permita la identificación, sin embargo, no agotaremos esfuerzos, no los escatimaremos hasta agotar todas las posibilidades científicas y técnicas. Los peritos, tanto de la Procuraduría General de la República como los forenses argentinos, en un esfuerzo exhaustivo, continuarán sus trabajos hacia la identificación.

Para avanzar en la eventual identificación de estos restos humanos, los equipos forenses han recomendado que los estudios se realicen en los laboratorios más altamente especializados del mundo. Luego de varias videoconferencias y llamadas a distintos laboratorios, se acordó realizar estudios denominados mitocondriales, los equipos periciales coincidieron que el mejor lugar para practicar estos estudios sería la Universidad de Innsbruck en Austria.

Es triste presentar estas imágenes. Es una obligación ante la sociedad verdaderamente, verdaderamente ofendida, pero el hecho de presentarlas implica una llamada a encontrar las fórmulas para, como dije antes, esto que no se debió dar, no se puede repetir.

La manzana de Newton. Acto II, escena I

—Soy el doctor Jorge Montemayor Andrete, trabajo de investigador en el Instituto de Física de la UNAM desde hace más de 40 años y mis campos de especialidad son diversos: experto en propiedades mecánicas de materiales, resistencia a altas temperaturas y altas presiones, planeación energética estratégica, desgaste de maquinaria, daño en resistencias a muy alta densidad de corrientes, flujo vehicular en relación al gasto energético, termodinámica y envejecimiento de seres vivos, agro-ecosistemas, algo de semiconductores y recientemente cosmología cuántica.

El profesor se presenta con un amplio sombrero negro y unos lentes que se hacen oscuros al aumentar la luz. Estamos en el Instituto de Física, frente a una fuente adornada por el mosaico de una manzana, que en la intención del artista, imagino, hace referencia a la manzana de Isaac Newton, aunque no sea totalmente claro si alude a la de Adán.

Decido entrevistarlo porque poco después de la conferencia de prensa de Murillo Karam el profesor Montemayor se dedicó a dar un sustento científico a las palabras del funcionario. Y con las herramientas de la física ha llegado a la conclusión de que lo que dice la PGR, a través de su vocero, es falso y sobre todo imposible. Por esta razón y por divulgar la información derivada de su investigación[*]

---

[*] http://www.cencos.org/comunicacion/cientificos-desmienten-a-pgr.

ha recibido amenazas de muerte e intimidaciones de diversa índole.

Al escuchar la conferencia de prensa del 7 de noviembre, el doctor Montemayor, junto con su colega y colaborador, el maestro Pablo Ugalde, investigador de la UAM Azcapotzalco, decidió intervenir para aclarar algunos asuntos que tal vez sólo pocas personas podían notar. Para comprobar la falsedad de los argumentos de Murillo Karam y la imposibilidad física de sus declaraciones, según el científico, como se verá más adelante, sólo se necesita la regla de tres simple.

—En cuanto a si es posible la cremación en el basurero de Cocula con los medios que adujo el señor procurador, nosotros rápidamente encontramos datos numéricos que mostraban que era totalmente imposible, de acuerdo con la termodinámica —dice Montemayor.

—¿Imposible o altamente improbable?

—No, no, no. No altamente improbable. No. Absolutamente imposible.

—¿Me puede explicar por qué está tan seguro?

—Hay una diferencia básica entre quemar los restos de un ser humano y cremarlo. Quemarlo es muy sencillo: con tantita gasolina se prende el cadáver, y como tenemos un 20 o 30 por ciento de grasa en la masa corporal, y un 75 u 80 por ciento de agua, por efecto veladora, por decirlo así, prendemos tantito la llama, y con ésta se consume toda la grasa, la piel, la ropa, los músculos, y sólo quedan los huesos sancochados.

—¿Qué se entiende por "huesos sancochados"?

—Los huesos tienen una estructura muy específica, producto de la evolución de la especie humana. Su estructura los hace muy ligeros y al mismo tiempo muy resistentes: no sólo a las cargas de compresión sino a los movimientos de torsión o flexión. No se pueden reducir a polvo. La forma más sencilla de ver que estos huesos son resistentes al paso del tiempo es que conocemos los restos de los egipcios o del hombre de Neanderthal.

"Ahora, ¿qué significa cremar? Normalmente se crema una persona por razones religiosas, de higiene, o con el objetivo de desaparecer evidencias. Un ejemplo de esto último fueron los militares nazis en el campo de concentración de Auschwitz. ¿Qué pasa en un horno crematorio? Se eleva la temperatura de los huesos aproximadamente a 900 grados centígrados, 1 100 grados, 1 200 grados, durante varias horas, dependiendo de la corpulencia y del flujo de energía que se aporte, y entonces los huesos se vuelven muy duros pero muy frágiles. Disminuye su volumen, disminuyen los poros."

—¿Me puede dar un ejemplo?

—Es como si le diéramos a un niño un objeto de fibra de vidrio o de plástico para que le pegue con un martillo. Ahí se puede pasar todo el día y el objeto no se desbarata. Por más energía que le meta uno, es muy resiliente, acepta muchos esfuerzos, no se rompe. Sin embargo, si uno toma un objeto de cerámica, por ejemplo, o de vidrio, se rompe al primer golpe y es más fácil reducirlo a polvo, aunque requiera más energía para hacerlo. Es la misma situación con los huesos humanos.

—¿Una vez cremados, los restos se deshacen en polvo automáticamente al tocarlos, como declaró el procurador general de la República?

—Por supuesto que no. No es posible que después de un proceso de calcinación o cremación, el hueso se desbarate como harina. Para nada. Incluso los nazis en Auschwitz, que tenían un nivel de ingeniería muy sofisticado, no podían. Necesitas una súper licuadora que se llama *cremulador*, que convierte casi todo en harina, pero en el caso de Cocula a nosotros nos dan arenita colada y los huesitos los van juntando, hacen un fondo común y a la basura. El problema es que para cremar los huesos, como lo enseñó en las fotos el señor procurador, se necesita una gran homogeneidad de temperatura, una temperatura bastante alta, entre 900 y mil 200 grados centígrados. Si nos dieran los restos podríamos decir a qué temperatura se quemaron. El problema central es la cuestión de cuánta energía se requiere para cremar 43 cadáveres.

—¿Y cuanta energía se necesita? Porque el licenciado Murillo Karam, en su versión de los hechos, sostiene que los supuestos asesinos hicieron guardias y relevos para asegurarse de que el fuego durara horas, arrojándole diesel, gasolina, llantas, leña, plástico, entre otros elementos que se encontraron en el paraje.

—En el Imperio romano se cremaban los cuerpos y se utilizaban 900 kilogramos de leña para cremar a la gente rica. A la gente pobre nada más la sancochaban y para eso estaban los osarios. Para los ricos eran 900 kilogramos de tronco de más o menos cuatro pulgadas de diámetro (casi diez centímetros). En la India, en la actualidad, se creman alrededor de ocho millones de cadáveres por año. Eso atenta contra la estabilidad de los bosques. Y están tratando de obtener crematorios empíricos que reduzcan el gasto energético a un tercio. Sin embargo, expertos aseguran que el promedio de gasto en la India para cremar un cadáver son 700 kilogramos.

"Si pensamos en la madera que se requiere para cremar 43 cuerpos, se necesitarían 33 toneladas; estamos hablando de dos tráileres completitos de madera, y de un diámetro muy específico, porque si son varitas delgadas, el fuego dura muy poco. Aunque se alcancen altas temperaturas no se creman los huesos. Y si son troncos gruesos, el fuego dura mucho, pero la temperatura es muy baja. Lo óptimo es un diámetro de aproximadamente cuatro pulgadas. Pero como estamos hablando de 33 toneladas, tendrían que haber ido a escoger los árboles, cortarlos, esperar a que se secaran, llevarlos ahí.

"De ese modo, habría un montón de documentos que darían pistas. Los macheteros que cortaron tendrían que haber bajado todo eso en el fondo de la barranca de Cocula, pero como se vio en las fotos de la PGR y de la revista *Proceso*, el área de calcinación tiene un radio de dos metros. No caben 33 toneladas en un radio de dos metros. Nosotros tenemos datos experimentales de una calcinación de 15 muchachitas que habían muerto en un accidente de tráfico en la India, y las cremaron todas juntas en un arreglo de más o menos dos metros de ancho por unos 20 de largo y un metro de altura. Calculamos la madera, todo checa, todo está bien."

Según el análisis físico que el doctor Montemayor llevó a cabo, no es posible armar una "fogata" tan grande y fuerte como para cremar a 43 cuerpos con lo que se encontró en el basurero.

—Además, la cantidad de humo que sale es tremenda; la grasa corporal no se quema completamente y provoca una pestilencia a carne quemada.

—Si se hubieran necesitado 33 toneladas de madera, que no estaban ahí, ¿qué me dice de las llantas?

—Se necesitarían unas 995 llantas de auto de pasajeros para cremar los 43 cadáveres. Cada llanta pesa diez kilogramos, de los cuales 7.5 kilogramos son material combustible equivalente a petróleo, nada más que no se escurre y no penetra en la tierra, sino que se queda ahí, chicloso. Luego, cada llanta además tiene 2.5 kilogramos de alambre de acero al carbono que es lo que le da resistencia.

"Mil llantas es mucho: harían una humareda que se hubiera visto desde otra ciudad, a diez o quince kilómetros de distancia. Cuando hay una quemazón de miles de llantas en cualquier lugar del planeta es un escándalo. Estamos hablando de que una quemazón cercana en otro pueblo se podía ver con fotos y película de satélite de la NASA de día. Si la cantidad de humo y de dioxinas que suelta una llanta en un incendio es tremenda, ¿cómo sería con mil llantas? Los que hubieran estado ahí se habrían intoxicado o podrían haber sufrido lesiones permanentes en los pulmones."

Pocos días antes de la entrevista con el doctor Montemayor, Omar García me dijo acerca de las declaraciones de Murillo Karam:

—La versión que dio Murillo Karam el 7 de noviembre de 2014 fue increíble porque ya antes nos habían dado varias versiones en las que afirmaban que habían ejecutado, quemado y enterrado a nuestros compañeros y los análisis de ADN habían confirmado lo contrario. Yo creo que la PGR ha intentado ganar tiempo para lograr armar su versión y tratar de cerrarle la boca al movimiento.

"Ya se murieron, pues, supérenlo. Es difícil creerle a las autoridades, porque sabemos que ellos se los llevaron. Lo vimos. Yo soy campesino, yo he visto cuando hacemos el *tlacol* para la siembra, que quemamos las plantas, y a los árboles que están a 20 metros se les achicharran las hojitas por lo mismo del calor del fuego. Pero si vas al basurero de Cocula, te das cuenta de que los árboles están intactos, cuando se supone que hicieron una hoguera enorme para incinerar 43 cuerpos.

"Resulta increíble que se haya identificado solamente a una persona de los 43, con un dedo y un molar. El Ejército o los narcos han torturado personas y son famosos por cortar dedos, por arrancar dientes o muelas. ¿Por qué no pensar que le pudieron arrancar la muela a nuestro compañero y le pudieron haber cortado un dedo y lo medio chamuscan, lo medio queman, y luego dicen que es nuestro compañero? No les vamos a creer.

"Pónganse a pensar que dijéramos: 'Ya, está bien, nos callamos, les creemos, ya los mataron, enterramos simbólicamente a nuestros compañeros'. Pero los padres de familia siempre van a pensar: '¿Y si están vivos todavía?' ¿Quién te asegura que están muertos? ¿Cómo probarlo? Ésta es la cuestión que no nos permite dejar este movimiento. Además, cuando sabes que hay personas en el país que llevan ocho años, 10 años, 40 años buscando a sus desaparecidos…"

—¿Han intentado decirles que dejen de molestar, que dejen de protestar?

—Te dicen: "Oye, ¿por qué no dejas ya esto? Te vamos a dar una casa o una beca en el extranjero". ¿Cómo puedes hacerlo sabiendo que tienes compañeros tuyos, paisanos tuyos, desaparecidos? Todos los días sus padres te miran con tristeza, te miran con reclamo, porque te dicen: "Oye, Omar, tú fuiste y le dijiste a mi hijo que viniera a estudiar a la normal. Tú le dijiste que se superara. ¿Pa' qué chingado le dijiste que se superara? Hubiera preferido que se quedara de campesino allá". ¿Y tú crees que no se siente bien cabrón decir "sí, es cierto"? Chingada madre, hubiéramos preferido quedarnos de campesinos. Vivos. Con nuestra familia, de pobres, comiendo tortilla y frijoles todos los días, pero felices con nuestra gente. Porque ahora resulta que superarse significa también grandes riesgos […] Solamente hay una forma de doblarnos y una forma de apagarnos. O tomándonos presos o matándonos. No hay otra forma y no la va a haber. Ya veremos si se atreven a hacerlo. Yo creo que sí.

234

Certeza legal. Verdad histórica. Acto II, escena II

Es el 27 de enero de 2015. Las jacarandas siguen floreciendo en la ciudad de México. Ayer, en un acto público, familiares de las víctimas de Iguala, estudiantes normalistas y miles de ciudadanos hicieron lo que vienen haciendo desde el 27 de septiembre de 2014: manifestar su indignación, reclamar justicia, exigir la presentación con vida de los 43 estudiantes desaparecidos.

Hoy está programada una nueva conferencia de prensa en la Procuraduría General de la República, en las oficinas de Paseo de la Reforma 211. Esta vez el señor procurador no está solo. En el podio lo acompaña el director de la Agencia de Investigación Criminal, Tomás Zerón de Lucio. En el escenario hay una gran pantalla de televisión. Hoy la estrella será Tomás Zerón de Lucio, quien tratará de explicar los avances de la PGR. Así empieza su relato:

El 15 de enero de 2014, elementos de la Policía Federal, en coordinación con personal de la Secretaría de la Defensa Nacional, detuvieron a Felipe Rodríguez Salgado, conocido como *El Terco* o *El Cepillo*, miembro de la organización delictiva autodenominada Guerreros Unidos, quien participó en el secuestro, homicidio y desaparición de los 43 estudiantes normalistas de la Escuela Normal Rural Raúl Isidro Burgos, de Ayotzinapa, Guerrero, la noche del 26 y 27 de septiembre de 2014. Felipe Rodríguez Salgado fungía como jefe de sicarios para la organización criminal en el lugar, y realizaba, en coordinación con el subdirector de la policía municipal de Cocula, César Nava González y su grupo de policías, la protección del municipio para el trasiego de droga y evitar que grupos antagónicos tuvieran presencia en él [...]

De acuerdo con sus propias declaraciones, se hace la siguiente narración de los hechos, de aquella fatídica noche: 26 de septiembre de 2014. Felipe Rodríguez Salgado recibió una llamada en la cual le fue informado que un grupo antagónico estaba atacando Iguala, ordenándole que se trasladara al lugar conocido como Loma del Coyote, donde le serían entregados unos "paquetes", haciendo la precisión que dicho sustantivo era utilizado para denominar a los "enemigos" cuando eran capturados [...]

"...*El Chucky* me llamó por teléfono y me dijo que me iba a entregar los paquetes que llevaba detenidos y que eran del grupo contrario, los Rojos..." Fin de la cita. Una vez en Loma del Coyote le fueron entregados, por parte de policías municipales de Iguala y Cocula, un grupo numeroso de estudiantes que bajaron de las patrullas y subieron a dos camionetas, mismas que fueron conducidas hasta el basurero, donde se les interrogó, ejecutó e incineró.

[...] Él fue quien dio la orden a Patricio Reyes Landa, alias *El Pato*, de terminar con la vida de todos ellos, ordenando también que no quedara nada, quemando inclusive los teléfonos celulares de sus víctimas.

[...] "llegando al basurero de Cocula bajamos a los estudiantes de la camioneta percatándome que unos ya estaban muertos creo que por asfixia, siendo los que iban hasta abajo y quedaban vivos aproximadamente de 15 a 18 estudiantes." "... Le encargué al *Pato* que se hiciera cargo de todo, de entrevistas y de darles piso, y que destruyera todo, que quemara celulares y pertenencias de los detenidos ya que esa había sido la instrucción..." "...*El Pato* ya había acostado a cuatro detenidos y les disparó en la nuca, con su arma corta..." Fin de las citas.

El 27 de septiembre de 2014, Felipe Rodríguez Salgado regresó al basurero. Cuando llegó, el fuego había reducido a cenizas a las víctimas. Extracto de la declaración ministerial del detenido, firmada ante la presencia de su defensor. "... Al llegar al basurero me percaté que todavía estaba un poco prendido el fuego y [había] muchas cenizas, en donde le pregunté al *Pato* y me dijo que los pusieron en una plancha de llantas, leña y fueron quemados con diésel, terminando de incinerarlos ya por la tarde..." Fin de la cita.

[...] Con estas narraciones, asentadas en las declaraciones ministeriales que fueron asistidas por sus defensores, se consolida el móvil, consistente en que los estudiantes fueron señalados por los delincuentes de formar parte del grupo antagónico de la delincuencia organizada en la región; ésa fue razón por la que los privaron de la libertad en un primer momento, y finalmente de la vida.

Ahora tenemos un *móvil*. En realidad no queda clara la razón por la que, después de interrogar a todos, los sicarios siguen creyendo que los normalistas eran parte de un "grupo antagónico de la delincuencia organizada en la región".

Si se tratara de una representación teatral podría decirse que el señor procurador Murillo Karam en esta ocasión desempeña el papel de *comic relief* del *guest star*, Tomás Zerón de Lucio. Sus intervenciones son breves, pero significativas:

Las declaraciones vertidas por los detenidos y que fueron confirmadas por los elementos materiales, dictámenes científicos, pruebas periciales, testimonios y confesiones, en números que ustedes van a escuchar en este momento, dejan clara la dimensión y la profundidad de la investigación, dándonos la posibilidad y la certeza legal de que los normalistas fueron muertos en las circunstancias descritas y que son las siguientes […]

[…] Podemos concluir: el lugar de los hechos, conocido como basurero de Cocula, se trata de una hondonada de 800 metros cuadrados de área afectada, con una pendiente de 60 grados, que alcanza en su punto más profundo, 40 metros. En dicha área se encontraron elementos que corroboran la magnitud del incendio como son, ya lo vieron y oyeron: alambres de acero radial, caucho de neumáticos, aluminio, rocas calizas fracturadas y calcinadas, grandes residuos de restos carbonizados y residuos de diésel y gasolina. Las piedras calizas presentan transformación química, de carbonato de calcio a calcita, esto lo hacen las fábricas de cal a temperaturas arriba de los 1 500 grados. Una vez alcanzada la ignición, las llantas utilizadas alcanzaron hasta 1 600 grados centígrados, dificultando que el fuego se extinguiera por medios mecánicos y prolongando su combustión. De acuerdo con las características físicas de los restos óseos y dentales localizados en el foco del incendio, se alcanzó a determinar que ese tipo de daño en esa parte de los huesos tuvo la necesidad de llegar a los 1 600 grados. Los restos pasaron por las fases de deshidratación, descomposición, intervención y fusión, reduciéndose en su mayoría a cenizas. Los estudios realizados por el Instituto de Biología de la Universidad Nacional Autónoma de México indican que, por una parte, las especies de plantas *Ricinus Communis* y *Eleusine indica* mostraron crecimiento posterior al incendio; y por otra, las larvas de dípteras recolectadas en el lugar iniciaron su crecimiento también posteriormente al incendio. Ambos estudios confirman la fecha del mismo. Por la topografía y los vientos dominantes del área, este lugar fue propicio para que hubiera un efecto óptimo en la oxigenación del fuego, lo que permitió la combustión por tiempo prolongado. Los elementos encontrados en el lugar, sumado a las corrientes de aire, facilitaron el desplazamiento por convección del aire caliente y de productos de la combustión, permitiendo elevar rápidamente la temperatura, ocasionando que el fuego se propagara de forma radial. Éstos son extractos de los resultados periciales que científicos hicieron [...]

El resultado de identificación de ADN por parte de la Universidad de Innsbruck, respecto de la muestra correspondiente al ala mayor izquierda esfenoides, esta parte de la cara, que es un hueso de la parte anterior del cráneo, durante el primer análisis mediante el método nuclear, identificó el perfil genético de Alexander Mora Venancio, a quien se había denunciado como parte del grupo de desaparecidos de Ayotzinapa, con lo que se comprueba a plenitud que ahí había estudiantes.

Según la lógica, el hecho comprobaría solamente que ahí se encontraba Alexander Mora Venancio. Nada más.

[...] El hallazgo de 60 mil fragmentos de restos óseos con exposición térmica a fuego directo comprueba científicamente la versión declarada por los detenidos, de que una vez que se extinguió el fuego, los restos humanos fueron triturados para su fácil desaparición y difícil identificación. El conjunto de indicios, declaraciones, evidencias y pruebas científicas, son consistentes entre sí.

[...] Treinta y nueve confesiones; confesiones, desde los policías, hasta los que actuaron materialmente; 487 peritajes; 386 declaraciones; 153 inspecciones, 12 ministeriales, todas, vinculadas y consistentes para ratificar los hechos aquí señalados. Estos y muchos otros elementos aportados durante la investigación permitieron realizar un análisis lógico-causal y llegar, sin lugar a dudas, a concluir que los estudiantes normalistas fueron privados de la libertad, privados de la vida, incinerados y arrojados al río San Juan. En ese orden.

Ésta es la verdad histórica de los hechos, basada en las pruebas aportadas por la ciencia, como se muestra en el expediente, y que ha permitido ejercitar acción penal en contra de los 99 involucrados, que han sido detenidos hasta hoy.

[...] Ha sido una investigación exhaustiva, profunda, seria, con muchas bases y muchos elementos que concatenados nos da la posibilidad de hacer la consignación por homicidio, como es obligación de esta institución hacerla.

Ésta es la teoría del ministerio público, Jesús Murillo Karam. Es importante decir que el procurador general de la República es un representante social, no una autoridad jurisdiccional. Se entiende por autoridad jurisdiccional aquella que se encuentra facultada por ley para interpretar y decir el derecho y dirimir conflictos legales. Dicho de forma un poco más clara: en ningún momento el procurador general de la República puede hablar de "certeza legal", y aún menos de "verdad histórica".

Asimismo, el procurador preside el Ministerio Público de la Federación, que es la autoridad a la que corresponde ejercer la acción penal ante los tribunales. De acuerdo con el artículo 21 de la Carta Magna, el ministerio público (procurador) únicamente debe investigar los delitos, es decir, comprobar si en efecto se cometió la violación de la ley y acreditar la culpabilidad del presunto responsable para que entonces una autoridad jurisdiccional (juez) pueda condenar o concluir cuál es la verdad legal (cosa juzgada o certeza jurídica).

Una *cosa juzgada* es la institución resultante de la sentencia obtenida de un proceso judicial, apegado a las formalidades esenciales del procedimiento, conforme al segundo párrafo del artículo 14 constitucional. Las conclusiones jurídicas a las que arriba dicha institución (cosa juzgada) es lo que, en cualquier caso, se entendería por *verdad legal*.

* * *

En febrero de 2015, por medio de un comunicado de prensa, el Equipo Argentino de Antropología Forense (EAAF), nombrado perito por los familiares de los jóvenes desparecidos, asesta fuertes críticas a Murillo Karam y su versión de los hechos. Según los expertos que no son sólo argentinos, hay graves errores y elementos incorrectos en la versión de la PGR, que intenta forzar las pruebas científicas a favor de su interpretación de los hechos.

En febrero de 2015, el EAAF hizo saber en un largo comunicado de prensa que "la PGR confirmó que, al menos entre el 7 y el 27 de noviembre de 2014, no había habido custodia permanente del sitio mencionado [el basurero de Cocula, *ndr*]. Esto hace que la evidencia que se haya recogido en esas condiciones pueda llegar a ser desestimada como prueba".

Además, los peritos del EAAF aclararon que en Cocula se puede demostrar que hubo "múltiples episodios de fuegos en la zona del basurero por lo menos cuatro años antes de los eventos que la PGR presentó como un único evento de quema en su conferencia del 27 de enero de 2015". Eso implicaría que la evidencia física —aluminio, vidrio, dientes, etcétera— que obtuvieron los peritos de la PGR y del EAAF en la zona inferior del basurero podría corresponder a eventos de fuego diferentes a aquellos que ocurrieron la noche del 26 de septiembre de 2014.

Además, de acuerdo con el EAAF, la PGR denunció la presencia de restos humanos en el basurero de Cocula que no corresponden a los normalistas. En específico se encontraron piezas —prótesis parciales, un diente, un fragmento de mandíbula— que confirman la presencia de restos humanos de un individuo que no pertenecen a ninguno de los normalistas.

Al final de su comunicado el EAAF "no excluye la posibilidad de que algunos de los normalistas hayan corrido la suerte señalada por la PGR. Al mismo tiempo, hasta el momento, el EAAF aún no tiene evidencia científica para establecer que, en el basurero de Cocula existan restos humanos que correspondan a los normalistas".

* * *

El doctor Jorge Montemayor me mira con aire divertido cuando le recuerdo los detalles de la segunda rueda de prensa del procurador general de la República, la del 27 de enero.

—El señor procurador comenta que se habrían alcanzado temperaturas de mil 600 grados centígrados durante el proceso de cremación con leña, llantas y desperdicios en el fondo del basurero de Cocula. De acuerdo con expertos mundiales en prevención de incendios de Estados Unidos, eso es absolutamente imposible, puesto que con el tipo de materias orgánicas que supuestamente se utilizaron ahí, lo más que se puede obtener es una temperatura estable de 900 grados en fuegos que tengan una base menor a un metro. Si tienen una base mayor a un metro se puede llegar a temperaturas estables entre mil 100 y mil 200 grados centígrados. Las temperaturas estables son las que pueden permitir la cremación.

—¿Qué pasaría si fuera verdad lo que afirmó el señor procurador?

—Aparte del humo y el supuesto fuego de mil 600 grados que nadie vio, ¿dónde están las dos toneladas y media de alambre de acero al carbono de mil llantas que se tendrían que haber fundido?

—¿Cómo fundido? El señor procurador dice que se encontraron restos de alambre de acero...

—¿Qué restos? El acero al carbono se funde entre mil 450 y mil 500 grados centígrados; en Cocula deberíamos tener una pequeña alberquita de acero de alrededor de medio metro cúbico de volumen por la densidad del acero. Pero ¿qué encontraríamos? Charcos de acero líquido. Y en el momento de llegar a los mil 600 grados de calor, los huesos caerían en ese charco, y cuando bajase la temperatura tendríamos charcos grandes con los huesos de los 43 supuestos cuerpos embebidos. Pero según el señor procurador encontró los puros huesitos sueltos. Entonces, con esas dos situaciones, es mentira que hubo temperaturas de mil 600 grados. Si hubiera sido así tendría que habernos enseñado los huesos engastados en unas placas de acero.

Según el doctor Jorge Montemayor las afirmaciones de la PGR serían un "libreto de fantasía".

—Los que tienen hornos de producción de cerámica como loza y tazas, saben que si su piso es de tierra y llegan a temperaturas de unos mil 300 grados, en muchas ocasiones se vitrifica el suelo, se cuece tipo barro. Aquí hay otro asunto: todas las semillas que van para abajo, que puedan estar debajo del suelo, se tuestan, el fuego las mata en cuanto a capacidad de germinación.

"El 16 de noviembre lo que observamos en fotos de *Proceso* que se tomaron dos días antes es un fondo verde, excepto un pequeño círculo negro pegado al vertedero, donde hubo un pequeño incendio. Deberíamos observar toda esa zona negra y vitrifica-da en muchas partes. Y uno que otro mechoncito de hierbas.

"¿De dónde vienen los mechoncitos si acabo de decir que se inhibe el poder de germinación de las semillas? Pues de las aves que lleguen, y si defecan alguna semilla con poder de ger-minación, pues sale la planta. Entonces podemos hacer análisis, desde el punto de vista científico, de un corte del suelo a pro-fundidad, y ver los cambios de densidad, los cambios químicos, y determinar qué temperatura hubo en la superficie del suelo y cuánto tiempo duró. ¿Qué fue lo que nosotros mostramos con el estudio? Demostramos que era imposible la cremación de los jóvenes en las condiciones que dijo el señor procurador. O son unos ineptos y no deben estar ahí, o son muy capaces y evadie-ron su responsabilidad."

A pesar de haber recibido varias amenazas de muerte por su investigación, o a lo mejor por esa razón, el doctor Montema-yor no parece asustado de decir las cosas claramente.

—Se mantiene esta conclusión: el señor procurador está tra-tando de engañar al pueblo. Lo más lamentable es que con una actitud totalmente irresponsable pasa por encima de la Consti-tución. Un ejemplo muy concreto: hasta yo entiendo que una persona sin un dedo puede vivir. Alexander Mora, una per-sona sin un molar, puede vivir. Existe la posibilidad de que se los hayan arrancado en vida, los hayan cogido, los hayan chamuscado y los hayan metido en un conjunto de material óseo que sí haya sido cremado. Además, ¿cuál es la probabili-dad de que habiéndose encontrado dos huesitos que sí tienen material genético, los dos pertenezcan a la misma persona en un conjunto de 43 cadáveres que da un total de 600 mil huesitos?

"[…] El señor procurador tenía que decir en su caso: 'Miren, se los juro que yo no torturé, se los juro que yo no golpeé gente', aunque todos los testimonios indican que las confesiones fueron obtenidas bajo tortura, bajo amenazas a las familias. Ese supuesto dictamen tiene que echarse para atrás y abrirse otra línea de investigación."

Es significativo, por lo demás, el largo reportaje que Anabel Hernández y Steve Fisher publicaron el 1° de febrero de 2015 en *Proceso*, donde ponen en evidencia cómo todas las confesiones de los presuntos culpables de las presuntas masacres fueron obtenidas bajo tortura, una práctica muy frecuente en México.*

Oro, oro, oro. Acto II, escena III

Después de tantos testimonios, pruebas y lecturas, queda pendiente entender la razón de la violencia. El móvil presentado por Jesús Murillo Karam es insuficiente para entender qué está pasando en México y en específico en el estado de Guerrero.

No puede tratarse de un acontecimiento casual, fortuito, la ejecución extrajudicial de tres normalistas (de los cuales uno, Julio César Mondragón, fue torturado y le arrancaron la cara

---

* "La versión oficial se cae a golpes", Anabel Hernández y Steve Fisher, revista *Proceso* núm. 1996, 1° de febrero de 2015.

y los ojos antes o (después de asesinarlo) más la muerte de tres personas ajenas a la escuela de Ayotzinapa y la desaparición forzada de otros 43 estudiantes. Ninguno de esos hechos puede explicarse con tanta ligereza sin constituir un grave insulto a la inteligencia.

El profesor Jorge Montemayor, el general Francisco Gallardo, el estudiante Omar García, en momentos diferentes, ayudan a completar el cuadro de una violencia atávica, completamente arraigada en la sociedad mexicana y que se expresa a través de sus instituciones.

Sentado en el borde de una fuente en el Instituto de Física de la UNAM, el profesor Montemayor intenta darle un sentido a los hechos de Iguala, pero no limita su mirada a Iguala:

—El narcotráfico —afirma— es un arma del imperio para quedarse con nuestros recursos. Te hablo como ciudadano, no como científico. Tlatlaya fue un fusilamiento extrajudicial, y luego pasó lo de Iguala. Hay evidencias de que a los normalistas los fueron arrinconando para que pasaran por el 27 batallón. Queda evidencia de que el celular de un muchacho estaba ahí [en el cuartel]. Creo que por ahí hay una zona minera importante de oro. Yo pienso que los chavos de Ayotzinapa son un estorbo para sus negocios mineros.

"Creo que lo mismo le han hecho a los yaquis: quitarles el agua para la industria, quitarle el agua a los pueblos para el sector minero. En las minas sacabas en los siglos pasados 50 u 80 gramos de oro por tonelada y ahora un gramo o medio gramo por tonelada. Tiene que cambiar el modo de explotación, se tiene que hacer un manejo de volúmenes muy grandes de tierra, y eso implica mucho gasto energético directo para triturar la roca. Si el cianuro y las soluciones químicas no se guardan bien, podrían estar afectando por cientos de años los ecosistemas. Y con el *fracking* es lo mismo. Es un pinche sistema de muerte.

"Creo que quisieron asustar al pueblo. Amedrentarlo sabiendo que 70 por ciento de la gente, en sus encuestas, se opone a que entreguemos el petróleo a los gringos. Lo que quisieron fue: Tlatlaya para meterles un susto, y ya está, Ayotzinapa, ahora sí, cabrones, háganme marchas y brínquenle, va a ser la misma medicina. ¿Y qué dijo la gente? 'Me vale madres, güey, aquí te chingas, cabrón, ya estamos hasta la madre.'"

El oro. Mineral abundante en México y en específico en Guerrero. Uno pensaría que con tanta violencia, tanta inseguridad, las empresas mineras prefieren largarse de una zona así. Pero no. Al contrario. En medio de la violencia y de la inseguridad es cuando invierten. Es el caso, por ejemplo, de la minera canadiense Torex, que el 6 de noviembre de 2014 hizo saber que va a invertir 725 millones de dólares en la construcción de una mina de oro llamada El Limón-Guajes, en la localidad de Quechultenango, a pocos kilómetros de la capital del estado, Chilpancingo, en lo que se conoce como el Cinturón de Oro de Guerrero. Una de las minas de oro más grandes y de más bajo costo en el mundo.[*]

---

[*] http://eleconomista.com.mx/industrias/2014/11/04/canadiense—torex—invierte—725—mdd—mina—aurea.

Los canadienses están seguros de que de esa mina van a sacar, entre 2017 y 2024, un promedio de 358 mil onzas de oro al año, en uno de los yacimientos auríferos más ricos a cielo abierto en el mundo, con una ley de 2.79 gramos de oro por tonelada. Si se considera que el precio del oro en el momento en el que se escribe este capítulo está en mil 226.60 dólares por onza, la mina de Torex estaría generando alrededor de 440 millones de dólares al año. Que en siete años dejaría más de 3 mil millones de dólares. De una sola mina.

Otra mina muy importante en Guerrero es la de Los Filos, en la localidad de Carrizalillo, a pocos kilómetros de Iguala, propiedad de la minera Goldcorp. Activa desde 2007, está produciendo 345 mil onzas de oro al año. En la página de Goldcorp se puede leer cómo de esa mina piensan sacar más de 5 millones de onzas.[*]

El Ejército controla desde hace más de cuarenta años el estado de Guerrero, con especial atención en la zona de Iguala y Arcelia, muy cercana al municipio de Tlatlaya que pertenece al Estado de México y al que lo unen peligrosos caminos de veredas. Si la minería es uno de los factores de mayor relevancia ligados con la violencia en México, los grupos que dominan un territorio por medio del terror son los más aptos para negociar con las empresas mineras, de modo que los inconformes,

---

[*] http://www.goldcorp.com/Spanish/activos-sin-paralelo/minas-yproyectos/mexico/operaciones/Los-Filos/vision-general-y-puntos-destacados-de-las-operaciones/default.aspx.

los que se oponen a los megaproyectos mineros, salen sobran-
do y deben ser eliminados.

—Iguala se junta con Tlatlaya, que fue un fusilamiento, una
ejecución extrajudicial, realizada por el Ejército y por la Mari
na —reflexiona el doctor Montemayor—: ahí estuvieron dos
generales presentes, hasta donde yo tengo conocimiento, uno
de la Marina y otro del Ejército.

Matar a 22 jóvenes en una ejecución extrajudicial en total
impunidad marca la actuación del Ejército y habla de la seguridad que tienen de que nunca se llegará a castigar a sus miembros responsables de delitos. El poder absoluto de las armas.

Tlatlaya

La desaparición de los 43 normalistas de Ayotzinapa ocurrió
cuatro días después de que se denunciara que el 30 de junio de
2014 una partida de soldados había ejecutado a 22 jóvenes en
una bodega del municipio de Tlatlaya, en el Estado de México.

Se trató de una ejecución extrajudicial en la que elementos del Ejército asesinaron a jóvenes cuyas edades oscilaban
entre 15 y 20 años. Se salvaron tres personas, una de las cuales,
tres meses después de la tragedia, decidió contarle su historia a
Pablo Ferri, periodista de la revista *Esquire.*[*]

[*] http://www.esquirelat.com/reportajes/14/09/17/esxclusiva-esquire-
Testigo-revela-ejecuciones-ejercito/.

Los primeros días después de la ejecución masiva, el Ejército festejó el operativo, por medio del cual supuestamente los soldados habían matado a unos criminales. En su cuenta de Twitter la Secretaría de Defensa Nacional publicó la noticia a pocas horas de los hechos, recibiendo las felicitaciones del gobernador del Estado de México, Eruviel Ávila, y de la cúpula política nacional. Pero resulta que la realidad era diferente.

—Es lógico que no hubo una orden específica —explica el general Gallardo—: los mandos no son tontos y nadie en su sano juicio va a dar una orden de ese tipo, pero hay una responsabilidad del mando de la zona militar, del jefe de Estado Mayor de la zona, que es el que opera las tropas desde el punto de vista teórico.

—Sin embargo, se ha intentado hacer pasar la ejecución como un homicidio doloso o un delito administrativo de los soldados. La versión oficial es que no fue una ejecución.

—Desde que vi las fotos de Tlatlaya, dije: "Éste es un fusilamiento", así de fácil. Porque yo he estado con la tropa en operaciones de orden interno. La responsabilidad directa la tiene el titular de la Sedena, el general Salvador Cienfuegos. Luego nos bajamos al comandante de la zona, al jefe del Estado Mayor, al comandante del batallón, al comandante de la compañía y después a quienes dispararon.

"¿Quién apoya esta política de militares con funciones de policía? El presidente de la República. Decidir que el Ejército siga desempeñando funciones de policía en la calle es *dominio del hecho*. Si procesan a los soldados que dispararon en Tlatlaya por infracción de deberes militares y no por ejecuciones extra-judiciales, cambia todo."

El *dominio del hecho* del que habla Gallardo es una doctrina jurídica que sirve para analizar los aparatos delictivos de poder. Su creador fue el jurista alemán Claus Roxin. En esta doctrina se establece la figura del "hombre de atrás", aquel que no está presente en la escena del crimen, pero que desde su escritorio impartió la orden para cometer el delito, y que es igualmente responsable como el autor material. Sin esta figura el delito no se consuma, ya que "el hombre de atrás" dispone la orden y suministra los medios para que se concrete, dominando así la voluntad de la acción.

Esta teoría se aplica en la mayoría de los juicios por delitos de lesa humanidad, pues permite visualizar cómo los responsables dispusieron discrecionalmente de todo el aparato de poder para alcanzar sus objetivos. Esto ha permitido el sometimiento de víctimas a condiciones inhumanas de vida como forma de castigo por su militancia política, sus asesinatos y en la mayoría de las veces la desaparición de sus cuerpos.

—Los militares detenidos por el caso Tlatlaya están siendo juzgados por infracciones en el servicio público, en sus funciones como militares —dice Gallardo—. ¿Qué son actos del servicio? Aquellos que desempeña un militar que tenga relación con la disciplina castrense. Nada más. Y la matanza de Tlatlaya no tiene relación con la disciplina, porque están desempeñando funciones de policía. Lo que está haciendo el gobierno de Peña Nieto es encubrir ese crimen.

Tlatlaya sigue siendo un punto crucial que demuestra cómo la práctica de las ejecuciones extrajudiciales, disfrazadas de operativos policiacos o militares contra la "delincuencia organizada" es sistemática y no contextual. Se trata de un caso en el que salió a la luz la mentira estructural de representantes militares, estatales y federales para encubrir una práctica generalizada y aceptada por los medios de comunicación *mainstream*.

Las ejecuciones extrajudiciales masivas y la desaparición forzada de personas, junto con la tortura como práctica común y constante en las fuerzas de seguridad, confirman el papel que desempeña el Estado en la generación de violencia en México.

Por su parte, el gobierno mexicano intenta con toda su fuerza encubrir los delitos cometidos constantemente por servidores públicos, militares, marinos, policías federales y demás corporaciones militarizadas.

Tlatlaya fue una tragedia para la sociedad, y para el Estado representa un escándalo enorme que se ha logrado minimizar debajo del enorme desastre de los normalistas de Ayotzinapa. Tlatlaya fue una representación más de las ejecuciones extrajudiciales operadas por las fuerzas castrenses y encubiertas por todas las instituciones, cuyas víctimas se vuelven a menudo desaparecidas, pues son escondidas o enterradas en fosas comunes clandestinas.

Sin embargo, en este país normalmente se premia a los funcionarios que resultan más efectivos en la represión. El 20 de noviembre se festejó durante muchas décadas el inicio de la Revolución mexicana con desfiles cívico-militares y discursos rimbombantes de las autoridades en turno, pero debido a las protestas por la matanza de Iguala, en 2014, el gobierno de Peña Nieto canceló la celebración oficial. En cambio, los movimientos ciudadanos aprovecharon la ocasión para organizar marchas en las ciudades más importantes del país, en tanto ocurría lo mismo en decenas de ciudades del mundo, bajo la consigna #AcciónGlobalporAyotzinapa. Ese mismo día, para no dejar lugar a dudas, el presidente Peña Nieto ascendió a rango de general de división a Alejandro Saavedra Hernández, comandante de la 35 zona militar, con sede en Chilpancingo, de la que depende el 27 batallón de infantería de Iguala.[*]

Para el general Gallardo, la responsabilidad por el caso Tlatlaya se remonta directamente al titular de la Sedena:

—¿Y él cómo para el escándalo? —se pregunta Gallardo—. Lo tapan todo junio, julio, agosto, septiembre 22, hasta que los amigos de *Esquire* le dicen a Peña Nieto: "A ver, caso Tlatlaya, ¿qué pasó?" Entonces interviene la PGR. Hubo una negociación con el alto mando militar. El secretario de la Defensa nunca va a permitir que le quiten sus funciones como administrador de la justicia. Entonces el militar dijo: "A ver, vamos a hacer un trato; releva a los comandantes, detén a siete gentes, a un oficial. De todos ellos, vamos a procesar a tres". Y luego, a esos tres les dicen: "¿Saben qué? Tranquilos, dejen que se calmen todas las aguas y después les damos la mano". Y le llaman

[*] http://www.proceso.com.mx/?p=388302

"lealtad a la institución"; espíritu de cuerpo mal interpretado. Esto es complicidad con el crimen. Apuesto lo que sea que este delito va a quedar impune. Te voy a decir cómo. Primero: el secretario de la Defensa escoge a los jueces, a los ministros del Supremo Tribunal Militar, a los defensores de oficio, a quienes van a acusar, a los testigos, incluso a los carceleros, y se da el lujo de escoger hasta a los culpables e inocentes. ¿Qué va a pasar? Se arma el escándalo, primero lo negó el secretario de la Defensa. Y nada más por ese hecho, este señor está bajo juramento y cometió el delito de perjurio. Ese señor no debe estar en la Defensa. Nada más por ese detallito.

—Usted dice que desde un primer momento supo que se trataba de fusilamiento. ¿Cómo se reconoce que es un fusilamiento?

—Por los disparos. La obviedad de cómo están colocadas las personas. Son hasta torpes. Yo vi las fotografías y casi todas las personas tenían colocado el fusil exactamente en el mismo lugar. Eso no es posible. Manos equivocadas, etcétera. Y nunca falta un pelo en la sopa. Hubo una denuncia, fuga de información. Estas cosas no se pueden tapar. Entonces la responsabilidad directa la tiene el secretario de la Defensa —insiste Gallardo.

La vinculación entre la masacre de Tlatlaya y la desaparición de los estudiantes de Ayotzinapa va mucho más allá del papel del Ejército en los acontecimientos específicos. Se trata de una misma estrategia represiva, donde subyace la impunidad y la violencia por parte del Estado, al margen de las leyes y del respeto básico de los derechos humanos. Es la verdadera cara de un Estado que opera así de forma sistemática para generar terror.

¿Por qué nos tienen miedo? Acto III, escena única

Lo que todavía falta entender es cuál es el modelo de sociedad que proponen los estudiantes de Ayotzinapa, cuál es su visión.

—¿Qué es una normal rural? —le pregunto a Omar.

—Nuestra normal fue fundada en 1926 y su misión es educar a la gente de escasos recursos, alfabetizar a la población del campo, atender las zonas rurales. Se supone que en aquel tiempo tenía el objetivo de integrar a los campesinos al proyecto de nación de los gobiernos posrevolucionarios o, tomando el discurso de *ellos*, "integrarlos a la modernidad, al progreso, a la civilización". Con el tiempo, el objetivo siguió siendo alfabetizar y darles a los campesinos y a la gente de escasos recursos opciones de sobrevivir en el sistema.

—Pero ¿por qué tanta agresividad contra los "ayotzinapos"?

—El motivo por el cual nos atacan es porque somos un tipo de estudiantes diferentes y vemos cosas que la mayoría de la población no alcanza a ver. Nuestra escuela tiene un plan de estudios distinto, y no es que ese plan lo otorgue la Secretaría de Educación Pública, sino que es un plan paralelo que traemos desde 1935.

"Nuestra escuela no es una escuela común y corriente, también es una organización estudiantil, y por lo tanto estamos al alcance de mucha gente afuera, tenemos contacto con miles de personas que piensan distinto a nosotros, incluso, o que piensan semejante a nosotros, y por lo tanto adquirimos una visión distinta. En Guerrero se está destruyendo la naturaleza, porque hay megaproyectos de minería y a las empresas les vale madres que las comunidades sufran cáncer porque se contamina, porque se derrama veneno, o porque se llevan el agua de sus pueblos o porque talan el bosque o porque a los campesinos les quitan sus tierras, o porque los engañan con falsas campañas de abonos y pesticidas que contaminan sus tierras. Para mucha gente es fácil dejarse llevar por las versiones oficiales.

"Antes de entrar a la normal yo era un indiferente, una persona que pensaba que las cosas ocurrían por voluntad de Dios o por obra del destino o porque así es la vida. Pero no, todo tiene sus causas. Las jerarquías son las que determinan nuestro lugar dentro de la sociedad. Nosotros nos negamos a estar siempre subordinados, y ése es el problemita. Ése es el problemita que tiene con nosotros el gobierno: que unos guarachudos, unos campesinos, unos jodidos, unos chingados estudiantes que vienen del campo y apenas tienen para tragar, les digan en su cara que son unos corruptos, asesinos, que practican políticas de despojo, que están vendiendo al país, que ellos se benefician a costa del trabajo de millones de personas en México y que, para colmo, cuando nos matan, cuando nos torturan, cuando nos desaparecen, cuando nos reprimen, no nos callamos, y aquí seguimos, y aquí vamos a seguir. Ustedes lo van a ver, después de todo este proceso de búsqueda de nuestros compañeros, nosotros vamos a seguir haciendo marchas, solidarizándonos con los campesinos. ¿Por qué? Porque nosotros no aprendemos y no vamos a aprender, porque no queremos aprender eso que ellos nos quieren enseñar. No vamos a aprender a estar agachados, no vamos a aprender a estar indefensos.

"Ahora salen los empresarios a cerrar filas y nos dicen que ya lo superemos. Nos están dando una dimensión que nosotros no queríamos tener. Bueno, señores empresarios, nosotros no buscamos el 26 de septiembre. Tampoco buscamos que ustedes con sus políticas despojen a los pueblos y los pueblos tengan que defenderse. Si a mi papá le van a quitar sus tierras, mi papá las va a defender. Si a mi pueblo le van a quitar su manantial de agua, mi pueblo va a defender su manantial de agua. Si ustedes quieren que en lugar de agua de los campos tomemos pura Coca Cola, si en lugar de maíz quieren que comamos pan Bimbo, pues va a estar difícil que nos entendamos. Va a estar muy difícil que nos entendamos porque hablamos un lenguaje muy distinto.

"Nosotros pensamos en la gente, en los niños. Nosotros pensamos en educar a los niños. Queremos que ya no coman comida chatarra en las escuelas, ustedes quieren ver una población infantil obesa. Porque lo que les interesa es su bolsillo, no la salud de la población mexicana. Eso es lo que les interesa a ustedes, y a nosotros que en lugar que echarse algo a la boca se echen algo acá —Omar se toca la cabeza—. Y sobre todo un pensamiento crítico que les haga saber que gente como ustedes son las que están acabando con el país. Son las que no piensan en el resto de la población y les vale madres si un campesino muere, si un obrero muere. Muera quien muera lo que a ustedes les interesa es su bolsillo y pueden irse a donde quieran irse con sus discursos hipócritas que hacen.

"¿De qué sirve cortarle la cabeza a Omar García si detrás de él hay muchos? Si nuestra organización no es de esas organizaciones estudiantiles o gremiales que tienen dirigentes permanentes durante años, vitalicios. O una clase política que se perpetúa en el poder. No, no, no. Nosotros somos muchos y muchas personas. Y el 'nosotros' pesa en nuestra organización. Nosotros no creemos en las grandes personalidades, en el potencial individual en extremo protagónico, pues.

"No, así como hablo yo así hablan muchos compañeros. Y creo que lo han visto ustedes también. Así como están de determinadas las personas que salimos en los medios de comunicación, el resto también lo está. Y somos remplazables. Y esto es lo que queremos para nuestro país. Esa forma de organización comunitaria donde el campesino, que es electo comisario para un año, al año siguiente vuelva a ser campesino y así le da la oportunidad a otro y se van rotando la autoridad, no como los políticos, que hoy es síndico, mañana quiere ser diputado, pasado quiere ser senador y jamás retorna al pueblo. Se vuelve parte de una clase política muy divorciada de la sociedad y por lo tanto con intereses muy distintos. Nosotros no. Nosotros somos diferentes.

"Eso es algo a lo que le tienen miedo, pues, que nuestra visión del mundo se generalice. Y de hecho se ha generalizado.

Aun cuando nos apaguen creo que el movimiento ha marcado la historia de la sociedad mexicana, ¿eh? La ha marcado. O sea, ¿qué van a hacer, me pregunto yo, a partir de ahora para engañar otra vez a la gente? Aun cuando nosotros dejemos de hacer algo, la gente no se va a quedar ciega. Y éste es el problemita, y ya no es nuestro problema sino que es problema suyo."

México, D. F., a 20 de febrero de 2015

XIV

Lo que aprendimos del GIEI

Es otra vez una mañana de febrero, un año después. Es una calle tranquila de la colonia Roma, en la Ciudad de México. La cita está fijada a las 11. Llego un poco antes para tener tiempo de pensar en las preguntas. En poco más de dos meses, el 24 de abril de 2016, se va a presentar el segundo informe del Grupo Interdisciplinario de Expertos Independientes (GIEI) de la Comisión Interamericana de Derechos Humanos, y hoy tengo que entrevistar a dos de sus cinco miembros: Ángela Buitrago y Claudia Paz y Paz. Las dos juristas están en una reunión cuando llego a mi cita. Todavía son muchos los aspectos de la investigación sobre el "caso Ayotzinapa" que se tienen que estudiar antes de que salga el informe y el clima no es favorable.

Desde la publicación del primer informe, el 6 de septiembre de 2015, el grupo de expertos ha sido blanco de una agresión decidida por parte de representantes de las instituciones oficiales y de toda clase de columnistas de los principales medios de comunicación mexicanos. Con el pasar de los meses, a causa de las conclusiones propuestas por su investigación, los ataques y las intimidaciones crecieron.

Uno de los escuderos de la ultraderecha católica mexicana, parte del grupo de los fundadores del Yunque, el abogado José Antonio Ortega Sánchez, ha dedicado los últimos meses a opinar y denigrar públicamente, desde las páginas del periódico *Milenio*, al grupo de expertos del GIEI. Leo sus artículos de tono amenazante, intimidatorio, y me recuerdan a los escuadristas fascistas de mi país, Italia. El uso de las comillas cada vez que se refiere a los expertos o a sus conclusiones, la criminalización de las víctimas, así como la defensa acrítica de las acciones del Ejército, del gobierno, de cualquier violencia perpetrada por parte de las fuerzas de seguridad, son una constante en su producción. Ortega es sólo uno de los muchos personajes públicos encargados de demoler el trabajo del GIEI. En una de sus columnas se pueden leer líneas como éstas: "Es cierto que la acción de la policía fue muy violenta, pero los normalistas se resistían y arrojaban piedras. Tampoco había forma en que los militares pudieran saber que los normalistas, una vez detenidos, en lugar de ser presentados ante el ministerio público serían desaparecidos y asesinados".*

En este contexto de deslegitimación pública operada por el gobierno mexicano y sus periodistas-escuderos, entrevisto a las dos especialistas del GIEI. Todavía no pueden contarme las con-

---

* José Antonio Ortega, "Patrañas indispensables de GIEI-CIDH", en "Tiro libre", *Milenio*, 7 de octubre de 2015.

clusiones finales que publicarán en el segundo informe, pero me dan algunos elementos para entender la importancia de lo que pronto va a darse a conocer. Ángela Buitrago y Claudia Paz y Paz manifiestan una perspectiva crítica sobre la versión de la PGR relativa al basurero de Cocula y sobre lo que la doctora Buitrago llama "confort investigativo", la costumbre de basar las investigaciones exclusivamente en confesiones. Pregunto si este "confort" se puede atribuir a una voluntad política o más bien a una incapacidad y mediocridad generalizada de la PGR. ¿Hay dolo o no?

"El confort investigativo se debe a varias razones, pero la primera es una legislación que está construida desde la confesión", aclara Ángela Buitrago. El investigador que tiene en sus manos la confesión de una persona, normalmente piensa: "yo ya acabé mi trabajo, ¿para qué me voy a esforzar más?" La legislación fomenta la validez de una confesión como única prueba, mientras no se verifiquen situaciones de tortura.

Buitrago, abogada colombiana, especializada en ciencias criminológicas, ex fiscal de la Corte y docente de la Universidad Externado de Colombia, explica:

En el primer informe aclaramos que por parte de la PGR se dejaron de investigar líneas o hipótesis importantes. La versión de la incineración en el basurero de Cocula está basada solamente en declaraciones. Pero la misma prueba científica arroja resultados diferentes que no fueron considerados y que ponían en contravía las declaraciones de las personas que confesaron. Cuando un

NI VIVOS NI MUERTOS

investigador tiene varios medios de prueba, la obligación es mirar en contexto, valorar y evaluar si hay una lógica que sostiene el medio probatorio.

Por medio de uno de los mejores peritos en el tema de incendios, José Torero, realizamos la valoración pericial del material reunido por la PGR, que se obtiene el 16 y el 21 de octubre, fechas en las que se llega al basurero de Cocula; se confronta científicamente la información y la conclusión del peritaje es que ahí no hubo un incendio de 43 estudiantes.

¿Entonces por qué dijeron eso? Se trata de una pregunta que debe generar hipótesis investigativas. ¿Cuál es la finalidad de sostener una versión que puede no ser cierta? No solamente a partir del informe que hizo José Toreo, sino del propio análisis que realizó la PGR, y ahora el del EAAF, sabemos que no es cierta la versión de Cocula. Se cierra científicamente el caso: nuestro informe también demuestra eso. Lo más importante es el plano de verificación: efectivamente, no se hizo todo lo que se tenía que hacer. Lo que se hizo, se hizo parcialmente, frente a unas declaraciones que no soportan ninguna lógica.

El 30 de abril de 2016 el GIEI terminó su mandato en un contexto de hostilidad y descalificación. Pocos días después, el abogado Santiago Aguirre, vicedirector del Centro de Derechos Humanos Miguel Agustín Pro Juárez, que desde el principio acompaña a los padres de los estudiantes desaparecidos, junto con otras organizaciones, señala la importancia de lo que el GIEI ha representado. Merece la pena citarlo *in extenso* por su amplio conocimiento de la investigación:

> Los mecanismos internacionales normalmente conocen de un caso cuando ya se han agotado todos los recursos jurídicos nacionales y realizan una confrontación a partir de estándares internacionales. Pocas veces se tiene un mecanismo de asistencia internacional que directamente se meta en una investigación y realice una supervisión *in situ*, en tiempo real, con acceso a los detenidos.
>
> El mecanismo se generó, se firmó un acuerdo técnico que le dio vigencia, inicialmente para un periodo de seis meses; la designación de los expertos tardó un poco, hasta que se concretó a principios de enero de 2015. La Comisión Interamericana tuvo el acierto de comisionar a cinco personas con mucha capacidad técnica y solvencia moral, mucho reconocimiento internacional, quienes llegaron a hacer este trabajo en marzo de 2015. Tuvieron un primer periodo de seis meses, al cabo del cual dieron a conocer su primer reporte, después hubo un periodo sin mandato, pues el Estado aún no aceptaba un segundo periodo. Finalmente iniciaron el segundo periodo hacia octubre de 2015. El 30 de abril de 2016 terminó su mandato.
>
> La participación de los expertos ha permitido un conocimiento más cabal de lo ocurrido y también un análisis acucioso y documentado de los motivos, de las posibles líneas de investigación, de los errores de la investigación y también una revisión pormenorizada de la ausencia de políticas públicas efectivas para prevenir y sancionar la desaparición en México.

Mucho se ha dicho que el GIEI no cumplió su objetivo al no haber encontrado el paradero de los estudiantes. Si bien ése era el objetivo, el informe da explicaciones sólidas del porqué no fue más allá de lo que consiguió en términos de verdad sobre el paradero, y esto tiene que ver mucho con los obstáculos que les interpuso el Estado.

Otro aporte relevante tiene que ver con el análisis de los actores que participaron como probables perpetradores esa noche; otro acierto tiene que ver con la forma en que documentaron las irregularidades dentro de la investigación y finalmente el tema estructural.

En primer lugar, el GIEI pudo comprobar que los estudiantes no iban a ningún boicoteo de un evento público, de hecho, llegan a Iguala cuando éste ya había concluido. Más bien, se trasladan hacia la zona de Iguala como parte de una actividad que estaban realizando en previsión de la marcha del 2 de octubre y básicamente iban a tomar autobuses, una práctica que había sido parte de su identidad de lucha, muy tolerada tanto por autoridades como por los empresarios del transporte, que de hecho llegaron a firmar una especie de convenio de colaboración con la Normal.

El GIEI documenta también que la llegada a Iguala es fortuita, lo que también descarta que haya habido una suerte de maquinación previa al 26 de septiembre para desaparecer a los muchachos por su militancia política, no parece que haya prueba sólida para afirmar eso. En realidad los estudiantes se habían ubicado en algunos puntos de la carretera para tomar ahí los autobuses. Cuando alguno de los conductores les manifiesta que considera indispensable ir a la terminal de Iguala para dejar el pasaje y después partir hacia la Normal, se ven orillados a ir al centro de Iguala, pero no era la intención inicial. Probablemente si ese evento no hubiese ocurrido así, y en ese momento les dan el autobús y se van a Tixtla, no estaríamos hablando de todo lo que ocurrió después, aunque siempre esos ejercicios son muy hipotéticos.

El GIEI también aclara que ninguno de los chicos tiene ningún tipo de vinculación con un cártel rival, que no había ningún tipo de infiltración, como la procuraduría lo quiso presentar.

En cuanto a los ataques, el grupo logra comprobar que no fue un solo ataque, ni la desaparición de los muchachos se dio en un solo momento, sino que hay un grupo que es desaparecido en Juan Álvarez, después de haber recibido una agresión armada de parte de la policía municipal, pero que también hay otro grupo que es desaparecido en otro escenario que es Periférico, en las inmediaciones del Palacio de Justicia, donde un grupo más de estudiantes fue desaparecido sin que hasta ahora esté claro si siguieron la misma ruta. Los recientes hallazgos indicarían que no.

El GIEI logra documentar que hay un primer ataque armado contra este grupo de tres autobuses que se mueve en Juan Álvarez, pero también que después hay otro ataque contra el autobús 1531 que está en el Palacio de Justicia, y un poco más tarde hay otro ataque armado contra los estudiantes que estaban dando una conferencia de prensa para denunciar lo que había ocurrido, cuando ahí habían llegado otros muchachos que se trasladaron a Iguala para apoyar a sus compañeros hacia la medianoche.

El grupo de expertos también detecta que esa misma noche, más tarde, hay un ataque contra muchachos que se habían subido a otro autobús que no aparecía en la narrativa oficial, y que después sería conocido como el quinto autobús, un Estrella Roja que iba tripulado por 14 muchachos. Ese autobús es detenido cerca del Palacio de Justicia. De la unidad sale un grupo de más o menos 14 muchachos, huye, se va hacia una colonia de Iguala y en ese transcurso es perseguido por policía que, pensamos, es ministerial. Todas estas particularidades de los hechos las aclara el GIEI, mostrando que no se sostiene la narración que dice que salen los autobuses de la terminal, llegan a Juan Álvarez, de esos tres autobuses bajan 43 y a partir de ahí se los llevan en un solo bloque.

Otro aporte del GIEI tiene que ver con el análisis de los actores: en la tesis oficial quienes intervenían eran fundamentalmente la policía municipal de Iguala y la municipal de Cocula. Según la imputación jurídica formalizada, la orden de desaparecer a los muchachos la habría dado el presidente municipal de Iguala. El trabajo del grupo de expertos permite mostrar que esto no da cuenta de lo ocurrido esa noche, pues participaron otras corporaciones y la extensión de los hechos fue mucho más amplia. Es muy importante el trabajo que hizo el GIEI al detectar las comunicaciones que hubo en el Centro de Control, el C4, donde varias corporaciones policiales tenían presencia esa noche. El GIEI logra dar cuenta de que tuvieron conocimiento desde muy temprano de que los estudiantes se estaban movilizando a Iguala, de que eran muchachos, de que iban a bordo de autobuses, etcétera.

El GIEI muestra que en efecto participa la policía municipal de Iguala, la policía municipal de Cocula, pero también hay una intervención de la policía de Huitzuco, que es otro de los municipios aledaños, y que esa noche realizó un movimiento operativo poco explicado hasta ahora, que aparentaba ser un retén justo en el camino que va de Iguala a Huitzuco y que no tendría mucho motivo de ser.

De igual manera, el trabajo del GIEI analiza la intervención de la policía estatal, que inicialmente había dicho que se había mantenido acuartelada y que le había dado un reforzamiento a la seguridad del Cereso. (Un año antes, había ocurrido un intento de rescate de unos presos en Iguala.) El GIEI logra documentar que algunas unidades no estuvieron acuarteladas, sino que salieron. De la policía ministerial del estado de Guerrero también se documenta un comportamiento más bien extraño con presencia en algunas zonas de los hechos y sobre todo con esta persecución a un grupo de estudiantes.

De la policía federal, el GIEI documenta al menos dos conductas raras: por un lado, su presencia en el Palacio de Justicia —que es algo corroborado también por la CNDH—, donde habrían tenido una actitud pasiva mientras agredían a los estudiantes. Se documenta también que muy probablemente la policía federal instaló un retén que desvió el tránsito para que quienes salían de Iguala hacia Chilpancingo no atravesaran el punto donde los estudiantes estaban siendo atacados. Lo anterior implicaría una coordinación mucho más amplia entre las corporaciones.

Lo que documenta el GIEI, y no pudo aclarar porque jamás le permitieron tener entrevistas con elementos del 27 batallón, es que esa noche hubo un despliegue de elementos del Ejército que formaban parte de un grupo irregular de inteligencia, que operaban vestidos de civiles y se comunicaban con sus mandos, no a través de los radios oficiales, sino por medio de celulares que fungieron como testigos excepcionales de lo que ocurría. En particular, uno de ellos permanece a lo largo de 40 minutos, viendo la agresión en el Palacio de Justicia; la reporta a su mando vía telefónica y después sale corriendo del lugar un poco asustado porque se le venían encima los policías, y deja abandonada la motocicleta civil en la que estaba realizando sus labores. El GIEI logra documentar cómo el Ejército explica que su actuación se debe a que se avocaron a buscar esta motocicleta y no a los estudiantes desaparecidos, cuando uno de sus elementos presenció la agresión. Es una explicación que resulta inverosímil, o francamente preocupante si fuera cierta.

Otro aporte fundamental del GIEI es que logró generar una discusión científica que no estaba abierta al escrutinio público, pues los peritos que dependen de la PGR hacen un dictamen que se va a un expediente que no es público, no necesariamente lo sostiene un juicio, y nadie termina confrontando a los peritos sobre la solidez de su trabajo.

Finalmente, el GIEI logró ir detectando las irregularidades en la investigación. En su primer informe hablaron mucho de asuntos más técnicos: fragmentación de evidencias, invisibilización de algunos delitos, énfasis en las declaraciones, etcétera. El segundo informe da cuenta también de otras cosas muy graves, como la utilización de la tortura. El GIEI detectó 17 casos donde es claro el uso de la tortura; en ellos están involucradas algunas de las personas que participaron (o que dicen haber participado) en hechos relevantes, incluyendo a algunas a las que se les imputa su presencia en el basurero.

El GIEI dio cuenta de otros hechos irregulares, como la presencia de Tomás Zerón (director de la Agencia de Investigación Criminal) en uno de los lugares principales de la tesis oficial: el Río San Juan, donde supuestamente se habrían dejado las cenizas de los muchachos. Junto con uno de los detenidos, Zerón estuvo en ese sitio un día antes de lo que se reporta en el expediente.

Este último hecho muestra que se trasladó a una persona detenida sin haber cubierto las formalidades mínimas de registrar su salida, la hora, quién estaba a cargo de él, lo cual implica saltarse una de las principales garantías para evitar la tortura. Además, una entrevista en el lugar de los hechos sin un abogado defensor contraviene cualquier estándar básico de derechos humanos. Por lo demás, es muy elocuente que el propio director de la Agencia de Investigación Criminal en su posición pública lo haya aceptado y lo haya reivindicado, como diciendo "yo puedo hacer esto", y da cuenta de una de las fallas históricas del sistema de procuración de justicia.[*]

Son muchas las cosas que aprendimos del trabajo del GIEI y del Equipo Argentino de Antropología Forense. Sin embargo, tal vez lo más importante que se ha logrado a partir del 26 de

---

[*] "Mensaje íntegro de Tomás Zerón sobre el caso Iguala", *El Universal*, 27 de abril de 2016.

septiembre de 2014 es la posibilidad de hablar finalmente de la práctica de la desaparición forzada en México.

Cuando empecé a trabajar en esta investigación, a mediados de 2011, la desaparición forzada no estaba en la mira política ni mediática. De hecho, cuando mencionaba la desaparición forzada, la mayoría de mis interlocutores, excluyendo familiares de víctimas y miembros de organizaciones defensoras de derechos humanos, normalmente me decían que "hoy no hay desapariciones forzadas" y que "es algo que se acabó con la guerra sucia". La mayor parte de los colegas periodistas estaban demasiado ocupados con "el narco" para dedicar atención y tiempo a observar ese delito.

Hoy es un tema central de las agendas públicas, periodísticas y de los movimientos sociales. Gracias a la fuerza y la decisión de los padres de los normalistas, sus compañeros, los movimientos ciudadanos, y la resonancia internacional, finalmente se puede mirar a los ojos un fenómeno que en los últimos 10 años ha crecido de forma desmedida y preocupante.

Escribiendo estas últimas líneas de *Ni vivos ni muertos*, a principios de junio de 2016, me entero de que finalmente empezó a ser productiva la mina de oro de Cocula de la compañía Media Luna —perteneciente al grupo canadiense Torex Gold—, que se planeó con una inversión de 800 millones de dólares y 16 años de trabajo. El complejo minero Limón-Guajes, a 43 kilómetros al sur de Cocula, es uno de las más importantes del mundo y de ahí se espera sacar 358 mil onzas de oro al año.[*] Según el gobernador de Guerrero, Héctor Astudillo Flores, la inversión de Torex Gold es la mayor que se haya hecho en la historia de Guerrero.[**]

Lo que sigue faltando en la narrativa oficial, así como en la de los grandes medios de comunicación, es la relación entre desapariciones forzadas y la violenta militarización de territorios para favorecer la explotación de recursos naturales. El siguiente paso en la configuración de la historia reciente de México es desarrollar una mirada crítica que abarque un panorama más amplio, geopolítico, que pueda ayudarnos a explicar fenómenos aparentemente incomprensibles.

En esa medida, resulta importante atender la opinión de especialistas como el biólogo italiano Flaviano Bianchini, fundador y director de Source International, una ONG que apoya a las comunidades que padecen violaciones a los derechos humanos relacionadas con industrias extractivas. Flaviano ha trabajado durante años en varias regiones de México, entre ellas el ejido de Carrizalillo, en Guerrero —a unos cien kilómetros de Iguala—, donde la canadiense GoldCorp está explotando la mina de Los Filos.

[*] Javier Vega, "La mina de Cocula, un oasis en territorio 'narco'", *Milenio*, 31 de de mayo de 2016.

[**] Véase Luis Moreno, "Inauguran mina de 800 mdd en Cocula, sacarán oro", *Milenio*, 28 de abril de 2016; y Enrique Hernández, "El 'niño' canadiense que saca oro en Cocula", forbes.com.mx, s/f.

"Nosotros éramos asesores del ejido de Carrizalillo —explica Flaviano en entrevista—. Con otras organizaciones mexicanas, ayudamos a la comunidad a obtener una indemnización de la minera de aproximadamente 50 millones de dólares en cinco años. Las razones fueron ocupación de la tierra, daños ambientales y sociales. Por eso algunos ejidatarios fueron asesinados, otros desaparecidos y otros desplazados. Como organización tuvimos que irnos de la zona, varios de nosotros fuimos 'sentenciados', no podemos volver a la comunidad, nos matan.

Según Bianchini es muy evidente la relación la violencia y explotación de recursos mineros. "En México —dice— los estados con mayor índice de violencia son también los que tienen mayores reservas de oro. Los tres estados con más reservas de oro son también los tres más pobres: Oaxaca, Guerrero y Chiapas."

Al analizar la desmedida violencia de Guerrero, Flaviano considera que no se sostienen las explicaciones que ubican al estado como un centro de producción de amapola y marihuana. La amapola, dice, viene de Afganistán y Malasia, y es comercializada en México; la producción mexicana representa sólo el cuatro por ciento de la producción mundial.

Guerrero es la zona con la concentración más grande de minerales, en particular de oro. Como señala Flaviano, el caso de Carrizalillo es emblemático: la población se organizó y obtuvo una importante indemnización. Creó un modelo sólido contra las compañías mineras que podía replicarse. Ahora la comunidad ha sido completamente destruida por la violencia:

Carrizalillo es una comunidad borrada —asegura Flaviano—. En 2014, con menos de dos mil habitantes, se reportaron ocho asesinatos, una quincenas de arrestados y cinco balaceras. Números aún mayores se han registrado en Mezcala, con 20 muertos en 2013, de los cuales 11 fueron calcinados en un solo día. El área entre Mezcala y Carrizalillo es teatro de cruentas batallas entre los grupos criminales más peligrosos de México. Hay una voluntad política por parte del Estado de no meter las manos en ciertas zonas para que sean más penetrables; y esto funciona para las minas, el petróleo, el gas, todos los recursos naturales. Es increíble cómo en Guerrero matan y desaparecen personas todo el tiempo y nadie molesta las mineras. Un territorio que ofrece palmeras de coco, como Yucatán, es súper tranquilo, parece la Toscana. Un territorio que ofrece oro, Guerrero, es uno de los más violentos. Debe subrayarse que en diversas ocasiones se ha empleado la violencia de grupos paramilitares o de narcos, para *de facto* liberar espacio para las empresas mineras.

Existe una retórica que ha cobrado fuerza y suele adjudicarle al "narco" la causa de la creciente violencia e inseguridad. Sin embargo, a partir de lo que dice Flaviano, se pone de relieve que no necesariamente son los grupos "del narco" los que controlan los territorios. El papel que llegan a desempeñar es el de brazo ejecutor, pero cuando se trata de comunidades enteras que han desaparecido, es fundamental dirigir la atención a los intereses empresariales en torno a los recursos naturales.

Es común que en esa misma retórica se ponga en juego la noción de un "Estado fallido", incapaz de enfrentar la maldad del "narco" y el "crimen organizado", con lo cual, implícitamente, se justifica la idea de militarizar el país y la necesidad de hacer un esfuerzo todavía mayor para controlar el territorio y "abatir" a los enemigos del Estado y de la paz social. La represión brutal de las fuerzas de seguridad mexicanas y la impunidad de sus elementos demuestran la fuerza que el Estado tiene y su capacidad de controlar y aniquilar movimientos y expresiones de disenso.

Lo anterior ha sido demostrado recientemente por los datos que *The New York Times* sacó a la luz a finales de mayo de 2016. En un artículo en primera plana del periódico estadounidense se afirma: "El Ejército mexicano mata a ocho enemigos por cada herido. Para la fuerza de élite de la nación, la Marina, la discrepancia es todavía más pronunciada: los datos que proporcionan dicen que ellos matan aproximadamente a 30 combatientes por cada herido".[*]

Estos cinco años de trabajo me han enseñado claramente que la solución a la violencia, a la desaparición, a la expropiación de los territorios, al saqueo sistemático de recursos naturales, no puede y no va a llegar de unas instituciones cómplices, involucradas profundamente en la generación de violencia y terror, sino de una sociedad civil consciente, solidaria y organizada. Un paso a la vez.

---

[*] Azam Ahmed y Eric Schmitt, "Mexican Military Runs Up Body Count in Drug War", *The New York Times*, 26 de mayo de 2016.

BIBLIOGRAFÍA

Beckett, Samuel, *Esperando a Godot*, México, Tusquets Editores México, 2009.

Bowden, Charles, *Ciudad del crimen*, México, Grijalbo, 2010.

Buscaglia, Edgardo, *Vacíos de poder en México*, México, Debate, 2014.

Bustamante, Jorge, *Migración internacional y derechos humanos*, México, UNAM, 2002.

Centro de Derechos Humanos Miguel Agustín Pro Juárez, *¿Comandante supremo? La ausencia de control civil sobre las Fuerzas Armadas al inicio del sexenio de Felipe Calderón*, México, 2009.

———, *Cuaderno sobre secuestros de migrantes*, México, 2011.

———, *La violación sistemática de derechos humanos como política de Estado*, México, 2011.

———, *Discriminados y encarcelados: detenciones y condenas arbitrarias a personas indígenas inocentes en México*, México, 2012.

———, *Transición traicionada: Los derechos humanos en México durante el sexenio 2006-2012*, México, 2013.

Comisión Nacional de los Derechos Humanos, *Informe preliminar sobre la investigación por violaciones graves a los derechos humanos en relación a los hechos del 12 de diciembre de 2011 en la ciudad de Chilpancingo, Guerrero*, disponible en http://www.

cndh.org.mx/sites/all/fuentes/documentos/informes/especia-les/Informe_Gro_1.pdf

———, *Bienvenidos al infierno del secuestro. Testimonios de migrantes*, México, 2009.

———, *Informe especial sobre secuestro de migrantes en México*, 22 de febrero de 2011.

Convención Interamericana sobre Desaparición Forzada de Personas, Brasil, 9 de junio de 1994.

Convención Internacional para la protección de todas las personas contra las desapariciones forzadas (Tratado Internacional ratificado por México el 18 de marzo de 2008, que entró en vigor el 23 de diciembre de 2010), 20 de diciembre de 2006.

Convención de las Naciones Unidas Contra la Delincuencia Organizada Transnacional y sus dos protocolos: Tráfico Ilícito de Migrantes por Tierra, Mar y Aire y el Protocolo para Prevenir, Reprimir y Sancionar la Trata de Personas, especialmente Mujeres y Niños. Disponible en http://www.oas.org/juridico/spanish/trata-dos/sp_proto_cont_tr%C3%A1fi_l%C3%ADci_migra_tierra_mar_aire_comple_conve_nu_cont_delin_orga_transn.pdf y en http://www2.ohchr.org/spanish/law/pdf/protocoltraffic_sp.pdf.

Couraud, Raymond, *Un camp de la mort en France*, Strasbourg, Editions Hirlé, 2004

Decreto "Noche y Niebla", 12 de diciembre de 1941.

De Luca, Erri, *Il torto del soldato*, Milano, Feltrinelli, 2013.

Forgione, Francesco, *Mafia export*, Milano, Baldini & Castoldi Dalai, 2009.

Foucault, Michel, *Sorvegliare e punire*, Torino, Einaudi, 1976.

Genna, Giuseppe, *Dies irae*, Milano, Rizzoli, 2006.

Gibler, John, *Tzompaxtle*, México, Tusquets Editores, 2014.

Guzmán Cruz, Abdallán y Julio, Pimentel Ramírez, *Los mártires de la democracia*, Rival Ediciones, México, 2011.

Hernández, Anabel, *Los señores del narco*, México, Grijalbo, 2010.

Kapuscinski, Ryszard, *Ebano*, Milano, Feltrinelli, 2001.

Katz, Friedrich, *La guerra secreta en México*, México, Ediciones Era, 1982.

Li Vigni, Benito, *Le guerre del petrolio*, Roma, Editori Riuniti, 2004.

Martínez, Óscar, *Los migrantes que no importan*, Barcelona, Icaria Editorial, 2010.

Naciones Unidas, *Protocolo para prevenir, reprimir y sancionar la trata de personas, especialmente mujeres y niños, que complementa la Convención de las Naciones Unidas contra la Delincuencia Organizada Transnacional*, disponible en http://www2. ohchr.org/spanish/law/pdf/protocoltraffic_sp.pdf.

Oficina del Alto Comisionado de las Naciones Unidas para los Derechos Humanos (ONU-DH), *Informe de misión a México – Grupo de trabajo de la ONU sobre las Desapariciones Forzadas o involuntarias*, México, 2012.

Pasolini, Pier Paolo, *Scritti corsari*, Milano, Garzanti, 2008.

Ravelo, Ricardo, *Osiel. Vida y tragedia de un capo*, México, Grijalbo, 2009.

Resa Nestares, Carlos, *Los Zetas: de narcos a mafiosos*. Madrid, Universidad Autonoma de Madrid, 2003, disponible en http://www.uam.es/personal_pdi/economicas/cresa//nota0403.pdf.

Reveles, José, *Levantones, narcofosas y falsos positivos*, México, Grijalbo, 2011.

Scherer García, Julio, *Secuestrados*, México, Grijalbo, 2009.

Schnabel, Reimund, *Poder sin moral. Historia de las SS*, Barcelona, Seix Barral, 1966.

Shields, David, *Pemex: la reforma petrolera*, México, Editorial Planeta Mexicana, 2005.

Wagner, Richard, *Das Rheingold*.

Notas periodísticas

Animal Político, "Dictan formal prisión a ex delegada de la PGR acusada de nexos con los Zetas", 22 de febrero de 2012, disponible en http://www.animalpolitico.com/2012/02/dictan-formal-prision-a-ex-delegada-de-la-pgr-acusada-de-nexos-con-los-zetas/#axzz2rq3scZz5.

Crónica, "SIEDO: 7 ex funcionarios de Coahuila protegían a Zetas", 21 de marzo de 2012, disponible en http://www.cronica.com.mx/notas/2012/644592.html.

La Razón, "Migrantes, el otro negocio de los Zetas", 17 de julio de 2010, disponible en http://www.razon.com.mx/spip.php?article39043.

Milenio, "18 mil secuestros: son unos cobardes y huevones...", 03 de febrero de 2014, disponible en http://www.milenio.com/firmas/juan_pablo_becerra-acosta/mil-secuestros-cobardes-huevones_18_238956114.html.

———, "La Cuenca de Burgos, en la mira de Pemex", 02 de agosto de 2013, disponible en http://www.milenio.com/tamaulipas/cuenca-Burgos-mira-Pemex_0_127787633.html.

Proceso, "Caso Ayotzinapa: informe de la CNDH apunta hacia policías estatales", 9 de enero de 2012, disponible en http://www.proceso.com.mx/?p=294326.

———, "Reinstalan a funcionarios destituidos de PGJ por caso Ayotzinapa", 16 de octubre de 2012, disponible en http://www.proceso.com.mx/?p=322810.

Vanguardia, "Confirma Procuraduría detención de sub delegada de PGR", 16 de febrero de 2012, disponible en http://www.vanguardia.com.mx/confirmaprocuraduradetenciondesubdelegadadepgr-1219548.html.

Zócalo, "Formal prisión a ex delegada de Coahuila", 22 de febrero de 2012, disponible en http://www.zocalo.com.mx/seccion/articulo/formal-prision-a-ex-delegada-de-coahuila.

————, "Sale de la cárcel para dirigir PGR Coahuila", 21 de febrero de 2013, disponible en http://www.zocalo.com.mx/seccion/articulo/sale-de-la-carcel-para-dirigir-pgr-coahuila-1361440458.

AGRADECIMIENTOS

Este libro es el resultado de años de trabajo y de investigación. Es un esfuerzo colectivo, que se ha dado gracias a la colaboración, la ayuda y el apoyo de personas y organizaciones, sin las cuales habría sido imposible entender o tan sólo acercarse a un fenómeno tan vasto y complicado como la desaparición forzada de personas. Un trabajo duro llevado a cabo casi en su totalidad con mi colega Luis Ramírez, las discusiones infinitas, el cansancio, el esfuerzo, las dificultades enfrentadas juntos.

Entre las organizaciones que han sido importantes para esta investigación está Centro de Derechos Humanos Miguel Agustín Pro Juárez, Ciudadanos en Apoyo a los Derechos Humanos, A. C. (CADHAC), Fuerzas Unidas por Nuestros Desaparecidos en Coahuila (FUUNDEC)/ Fuerzas Unidas por Nuestros Desaparecidos en México (FUUNDEM), Comisión Mexicana de Defensa y Promoción de los Derechos Humanos (CMDPDH), Hijos por la Identidad y la Justicia, contra el Olvido y el Silencio (H.I.J.O.S., México), Asociación de Familiares de Detenidos Desaparecidos y Víctimas de Violación de los Derechos Humanos en México (Afadem), Comité ¡Eureka! y Asociación Unidos por los desaparecidos de Baja California (AUDBC). También a doña Rosario Ibarra de Piedra y Claudia Piedra Ibarra, a la familia Radilla, en especial a Tita y Rosendo Radilla.

De la misma manera a todas las personas que con su disponibilidad se dejaron entrevistar, ayudándome a construir juntos el camino para esclarecer poco a poco la complejidad y la articulación de la desaparición forzada. Con atención particular a Alfredo Cerón y Rosa María Moreno, Melchor Flores, Héctor Sánchez, Margarita López, Rosario Villanueva, Fernando Ocegueda, Pietro Ameglio, el obispo Raúl Vera, Alejandro Solalinde, fray Tomás González, Jacqueline Campbell, Alberto Xicoténcatl, Miguel Ángel Rosete, Rogelio Flores, Edgardo Buscaglia, José Reveles, Carlos Fazio, Blanca Martínez, hermana Consuelo Morales, Sergio Aguayo, Santiago Corcuera, María del Mar Álvarez, Julio Mata, Francisco Romero y Blanca Hernández.

También ha sido imprescindible el apoyo de muchas personas que, de formas distintas, aún sin darse cuenta, a través de sus críticas, consejos, más críticas, discusiones, silencios, dudas, han hecho que este libro llegue a ver la luz. Algunos de ellos prefieren no aparecer públicamente pero cada quien sabe bien lo que le debo.

Agradezco a Fabio Cuttica por su amistad, sus fotos, su apoyo y sus críticas constructivas, y a Daniele Catalli, viejo amigo, por su arte.

AGRADECIMIENTOS

Este libro no existiría sin la insistencia de Guillermo Osorno, responsable del primer empujón.

Agradezco a los amigos Keisdo, Sandra, Laurence, Diego, Galia, Clara, por las constantes discusiones, Javier por su presencia determinante en los últimos metros hacia el título definitivo, Javier por sus cabañas en las que se escribió gran parte del libro, Marina por su presencia ausente, Denixe Hernández y Ricardo Ravelo por su confianza.

A Cristóbal Pera, Ariel Rosales y Enrique Calderón y el equipo de editores de Penguin Random House por creer en este libro.

A Chely, que ha sido testigo constante y compañera paciente e imprescindible en el camino durante estos años difíciles de búsqueda.

A Jaime Avilés y a toda mi familia, por nunca dejarme.